中等职业学校通识教育"十三五"规划教材

附/微/课/视/频

职业生涯规划

第8版

王志洲 韦静坚 曹安民 主编

何锡广 黄绍能 黄洁玲 副主编

人民邮电出版社

北京

图书在版编目（CIP）数据

职业生涯规划：附微课视频 / 王志洲，韦静坚，曹
安民主编. -- 3版. -- 北京：人民邮电出版社，2019.9（2023.1重印）
中等职业学校通识教育"十三五"规划教材
ISBN 978-7-115-50703-7

Ⅰ．①职… Ⅱ．①王… ②韦… ③曹… Ⅲ．①职业选
择－中等专业学校－教材 Ⅳ．①G717.38

中国版本图书馆CIP数据核字(2019)第021096号

内 容 提 要

本书是针对中等职业学校学生编写的素质教育教材，目的是帮助学生树立职业生涯规划观念，培养职业生涯规划能力，学习职业生涯规划方法，实施职业生涯规划行动。本书共分 7 篇，分别为概述篇、自我篇、认识篇、目标篇、能力篇、规划篇和就业篇，主要内容包括职业生涯规划概述、职业生涯规划中的自我分析、认识工作与职业、职业目标的确定、职业能力与职业道德的培养、职业生涯规划的制订与管理，以及就业准备与求职技巧。

本书体例新颖，内容深入浅出，图文并茂，能够激发学生学习的积极性，为其终身的职业生涯发展奠定良好的基础。

本书可作为中等职业学校公共素质教育教材。

◆ 主　　编　王志洲　韦静坚　曹安民
　　副 主 编　何锡广　黄绍能　黄洁玲
　　责任编辑　王丽美
　　责任印制　马振武

◆ 人民邮电出版社出版发行　北京市丰台区成寿寺路 11 号
　　邮编　100164　电子邮件　315@ptpress.com.cn
　　网址　http://www.ptpress.com.cn
　　固安县铭成印刷有限公司印刷

◆ 开本：787×1092　1/16
　　印张：10　　　　　　　　2019 年 9 月第 3 版
　　字数：240 千字　　　　　2023 年 1 月河北第 6 次印刷

定价：32.00 元

读者服务热线：(010)81055256　印装质量热线：(010)81055316
反盗版热线：(010)81055315
广告经营许可证：京东市监广登字20170147号

本书编委会成员

主　　编：王志洲　　韦静坚　　曹安民

副主编：何锡广　　黄绍能　　黄洁玲

编　　委：梁　倩　　邹春芳　　赵　莉　　高莺娜

　　　　　杨　明　　陈一锐　　王　师　　李佳钰

　　　　　李雪莲　　汤林芯

第3版前言

中等职业学校学生是国家各行各业技能人才的后备力量。目前，根据中等职业学校的培养目标、服务领域、毕业生就业方向和就业渠道等情况，学生怎样选择适合自己的职业，在职业中实现个人的理想和抱负，如何规划自己的职业发展道路，使自己适应竞争激烈的社会环境，是摆在每一位中职学生面前紧迫又现实的问题。中等职业学校在深化教育教学改革的同时，应充分认识到职业指导工作的重要性。

随着职业指导工作研究的深入，相关研究人员对职业指导工作有了新的认识，即就业指导工作的重点是职业生涯规划。也就是说，指导工作不仅是就业指导，而且要帮助学生学会规划自己的职业生涯，培养学生的职业意识和职业生涯规划能力，以期为学生终身的职业生涯发展奠定良好的基础。为此，我们编写了本书。

本书以指导中等职业学校学生学会规划职业生涯、提高职业能力为出发点，结合中等职业学校学生的认知规律来编排内容和设计体例，以充分调动学生学习的积极性和主动性，贴近社会实际、贴近职业生活，突出职业教育的实用性。

本书体例及具体栏目设计如下。

★ **成长话题**：列出当今学生平时谈论、关心的有关职业的问题。

★ **知识探究**：针对"成长话题"，阐述讲解相关内容。

★ **案例启迪**：通过案例启发和帮助学生理解相关知识。

★ **友情提示**：对本课相关知识的补充，使学生更好地理解本课内容。

★ **活动探究**：根据相关知识设置实践活动，使学生更多地参与课堂学习。

★ **反观自我**：每学完一课，让学生自己感悟学习这一课的心得体会。

★ **知识拓展**：对本篇知识的补充与拓展，使学生获得更多的相关知识。

★ **学以致用**：提供有关思考与练习，通过实践让学生能熟练运用所学的知识。

本书的内容与体例安排充分体现了新课改的教学理念，科学引领教与学的全过程，增强素质教育。

本书由王志洲、韦静坚、曹安民任主编，何锡广、黄绍能、黄洁玲任副主编。参加编写工作的还有梁倩、邹春芳、赵莉、高莺娜、杨明、陈一锐、王师、李佳钰、李雪莲、汤林芯。

由于编者水平有限，书中难免存在不妥之处，敬请广大读者批评指正。

编　者
2019 年 3 月

目录

开篇寄语

　　青春的理想，犹如七彩长虹，凭着它，我们可以开垦出一片神奇的土地，走出一条金光大道。人一旦在心目中有了自己认为理想的职业，便会依据它去规划自己的学习和生活，并为获得自己理想的职业而去做各种准备。生活中的很多长期的目标是我们无法一天就能够完成的，因此我们必须通过科学规划，把整体目标分解成为一系列的"小目标"，再把这些"小目标"作为"小工作"分解成为一系列可操作的步骤，如此，再远大的目标最终也可能实现。

　　职业生涯是一片沃土，需要我们投入时间和智慧去经营。我们树立职业理想的过程，便是在心目中进行职业生涯规划的过程。科学地规划自己的未来，是我们成长中需要探求的大问题。当我们在头脑中建立了职业生涯的概念，掌握了职业生涯规划的方法并付之以行动，我们将会自信地说："我的未来不是梦！"

概述篇

——职业生涯规划概述

职业生涯的内涵

青春是美丽的，但一个人的青春可以平庸无奇，也可以放射出英雄的火花；可以因虚度而懊恼，也可以用结结实实的步子，走向光辉壮丽的成年。

——魏巍

（1）什么是职业生涯？
（2）职业生涯对人生有何意义？
（3）职业生涯分哪几个阶段？

人从出生到死亡的整个人生历程中，存在着不同的生命周期，有社会生命周期、生物生命周期、家庭生命周期和职业生涯周期。而这其中最重要的、对人生起决定作用的则是职业生涯周期。从任职前的职业教育培训到求职、就业，到职业转换、职业发展，再到最后脱离职业，这占据了人生的大部分时间。成功者往往都懂得怎样规划自己这漫长的职业生涯周期，使自己在这个周期里时时能够找到自己的目标，并且能够不懈地去努力实现这些目标。

一、职业生涯的含义

职业生涯是指人一生的工作历程的总和。狭义的职业生涯是指一个人从职业学习开始，到职业劳动结束，专指人生职业工作历程；广义的职业生涯是从职业能力的获得、职业兴趣的培养到就业、职业发展，直至最后退出职业劳动这一个完整的职业发展的过程，这一过程可以说从一出生就开始了。我们这里探讨的是狭义的概念，即从职业知识和技能学习开始的职业生涯。

职业生涯主要有以下基本含义。

（1）职业生涯是个个体的概念，它是个体的行为经历，而非群体或组织的行为经历。

（2）职业生涯是个职业的概念，实质是指一个人一生中的职业经历或里程。

（3）职业生涯是个时间的概念，指的是劳动者的职业周期。

（4）职业生涯是个发展的、变化的概念，每个人的具体的职业内容和职位是在不断发展变化的，它既体现着职业时间的长短，也反映着职业变更和发展的经历和过程，包括职业的选择、职业的发展、职业的转换和晋升等具体的内容。

二、职业生涯与人生

在漫长的职业生涯中，每个人的具体情况都不相同，但追求职业生涯发展却是每个人的共同追求。职业生涯发展是指每个人根据最初的职业目标，不断制订新的更高目标的过程。而这一个过程也就是追求人生价值的过程，所以就业参加工作，从根本上说，不是一个关于做什么事和得到多少报酬的问题，而是一个关于生命的意义的问题。

三个工人

一位心理学家为了了解人们对于同一个工作在心理上所反映出来的个体差异，来到一处建筑工地，对现场忙碌的工人进行访问。他前后分别对三个工人进行了询问，问他们："请问您在做什么？"第一个工人没好气地回答："在做什么？你没有看到吗？我正在运砖，这车太沉了，我都要累死了，这真不是人干的活儿。"第二个工人回答："在挣每天的工钱呀！若不是为了挣钱养家，谁愿意干这种又累又苦的工作。"但是，第三个工人眼光中闪着喜悦回答："我正在参与一个新住宅小区的建设，这个小区建成后，生活在老城区的上万人将搬到这里，他们的住房条件将得到极大的改善。虽然我现在很累，但是想到他们搬入新居时的笑脸，也就不感到累了。"

第一位工人可能很快就会失去这份工作，成为工作的"弃儿"。因为他对工作漠视、厌恶。第二个工人是一个为工作而工作的人，对工作缺乏责任感和荣誉感。这样的人很难获得职业的发展，任何一个企业都不会信赖这样的人。但是第三个工人却完全不同了，他具有高度的责任感，充分享受着工作的快乐，工作给他带来了足够的尊严和可实现自我的满足感，他给自己生命赋予了无限的价值。这也就是人们为什么在人生中要付出那么多的时间去追求职业发展的原因。

职业生涯的成功与否，在一定意义上决定着一个人的人生价值。人都要工作，而工作是我们施展自己才华的舞台，世界上没有哪项活动能为人提供如此高度的充实自我、表达自我的机会，以及如此强的个人使命感和一种活着的理由。每个人的职业，就是他的志向的展示和理想所在。美国的一位教育家曾说过，工作是我们用生命去做的事。卡耐基先生这样解释"志气"一词："朝着一定目标走去是'志'，一鼓作气，中途绝不停歇是'气'，两者合起来就是'志气'，一切事业的成败都取决于此。"我国北宋文学家苏轼在《晁错论》中也写道："古之立大事者，不惟有超世之才，亦必有坚忍不拔之志。"有志气的人知道自己的目标，并且向着目标不懈地努力，所以会获得成功。每一名学生也都是有志气的人，都有自己的人生理想，从现在开始，向自己的目标不断迈进，去努力争取一个工作的机会，为生命的尊严和人生的幸福而努力学习、工作吧！

三、职业生涯的阶段

按照科学、简明、清晰的原则，以及中职生的成长发展特点，我们可以把职业发展分为以下几个阶段。

（一）职业准备和选择阶段（15~28岁）

职业生涯的阶段和特点

这一阶段，中职生的主要角色就是学生，任务就是学习，具体包括要完成专业知识和技能的学习，注重职业能力的开发和培养；同时要提高个人的素质和修养，除了良好的公共道德素质外，重要的是要培养职业素质，掌握求职的知识和技巧，完成职业选择，顺利就业。为了更好地应对就业市场的挑战，还要培养开发自己的特长，以便拓展自己就业的空间。再具体一些就是要取得一个专业的学历证书、一个或两个岗位的岗位资格证书（或技术等级证书）；具有良好的个人素质，特别是良好的学习和生活习惯；同时要培养自己的特长或爱好，如唱歌、书法、体育等，这些都会为自己的成长增光添彩，有的甚至会成为自己的职业；最后就是经过双向选择顺利就业。对于要升学的中职生则要为考入更高一级的学校而进行学习和准备。

在这一阶段，由于中职生能够主动选择学校或者选择专业的还是少数，来到学校后，往往会有一部分同学对自己的专业感到不满意。但既然选择了就必须要完成学业，因为这是再发展的基础。如果能够保证在完成正常的学习后还有精力，那么可以采取其他形式去学习自己喜欢的专业，如通过自学考试、业余学习、选修其他专业的课程等。对于想升学的中职生则要加强对文化基础课的学习。当然，通过学习和了解喜欢上自己的专业，这是最好的结果。另外，中职生上学期间会面临许多岗位资格证书和等级证书的考试，有的同学认为证书多了好找工作，盲目投入考证的大潮中，却忽略了证书是专业技能水平的证明，如果只为考证而考证，而不去提高自己的专业技能，到头来同样是一场空，因为任何一个企业都不会只要有证就聘用，一般都要进行现场的操作考试。俗语说："艺不在多，而在精。""一招鲜，吃遍天。"所以，同学们应该实实在在地磨炼自己的技能，要从熟练到精通，而不应单纯追求考多少个证书。

（二）职业生涯初期（20~35岁）

在这一阶段中，中职生的角色会发生变化，即将成为新学员、见习人员、试用人员或者是组织的新成员。主要任务是适应新的环境，尽快掌握岗位要求，能够完成岗位工作。同时要适应组织的文化，不只是在外在形式上成为组织成员，而要真正融入新的组织中去。此外，要面对更有针对性的岗位培训和岗前教育，还要寻找自己工作中的良师。

这一时期需要注意的是要处理好工作和学习的关系。有的人到一个新的工作岗位，不是积极主动地去熟悉岗位职责，而是要求单位提供学历进修保障。既然这个岗位招聘的是中职学历的人，那么单位肯定认为中职生应该能够胜任工作，单位没有必要再去培养你去攻读更高的学历。当然，自己在做好工作的同时，利用业余时间学习是应该鼓励的。此外，在这一时期还要处理好工作报酬与发展机会的关系。刚参加工作，有些人感到工资待遇低，这是很正常的，关键是我们该如何看待工资报酬。也许有很多人认为，我付出劳动，单位付给我报酬，这是等价交换，仅此而已，但是却忽略了工资以外事物的价值。

能力与薪金

某公司的一名职员，在公司工作了 10 年，却从来没有涨过工资。有一天，他终于忍不住了，问经理是什么原因。经理回答说："虽然你在公司干了 10 年，但你的工作经验却不到 1 年，能力与新手没有什么区别。"

也许大家会认为，这个经理的判断有失公正。其实，薪水只是工作的一种回报形式，刚参加工作的人，更应该看重和珍惜工资以外的东西。譬如，艰难的任务能锻炼我们的意志，新的工作能

拓展我们的才能，与同事合作能培养我们的人格等。公司付给我们的是金钱，但工作赋予我们的是可以让人终身受益的能力。要明白，我们不仅为了现在的薪水而工作，还要为将来的薪水而工作，为自己的成长和未来而工作，如果我们能够领悟到这一点，就不会抱怨自己的薪水低，而去应付工作了。

（三）职业生涯中期（28~50 岁）

这一时期，从业者都应该成为组织中的重要一员，成为工作的骨干，一些工作出色的人应该成为管理者或技术能手，甚至是专家。这个阶段是人生的黄金阶段，也是最容易出成绩、创造价值的阶段，可以说，这一阶段的成绩有可能就是你人生的价值。所以，要充分发挥自己的才能，将自己的理想与组织目标很好地融为一体，同他人保持良好的关系，特别是要建立自己的工作网络，继续深入专业知识的学习和技术的研究，为进一步晋升做好充分的准备。

到了中期，人们普遍的感觉是工作和同事都十分熟悉了，工作也就变得得心应手了，这时要面对的问题：是继续努力，追求更高的成就，还是"躺"在已取得的成就上，颐养天年呢？比尔·盖茨已经拥有九百亿美元的资产，即使一年花一亿美元，也要花九百年，但他依然在努力工作。我们应该认识到金钱只不过是许多报酬的一种，人所追求的最高目标是提高自我、实现自我价值，所以在这一阶段要保持积极的工作态度。为了保持自己的进取心，如果经过客观的分析，在现在的组织中不可能再有大的发展，可以尝试到新的组织或新的领域去发展自己。面对新的环境，人可能会激发自己的潜能。

（四）职业生涯后期（50 岁以后到退休）

这一时期，不同的人开始的时间有所不同，但是共同的特点是：精力和体力开始衰退，

接受新任务、新职责的愿望开始淡化，普遍开始总结和审视自己的职业生涯，工作的重点向帮助培养新人转移，角色转变为师傅、专家、顾问。

以上这4个阶段，每个阶段都处在不同的职业状态中，都要面临不同的职业发展任务，所以从业者要时刻明确自己发展的目标，这样才能实现职业理想。

四、职业生涯的特点

研究职业生涯的特点可以帮助我们更好地进行职业生涯设计。从总体上看，职业生涯主要有以下几个特点。

1. 阶段性

职业生涯的发展过程可以划分为不同的阶段。每个阶段都有不同的目标和任务，各个阶段之间并不是并列关系，前一阶段的状态是后一阶段的基础，各个阶段之间具有连续性和递进性。利用好职业生涯发展的阶段性，高质量地完成各阶段的任务对职业生涯的持续发展至关重要。

2. 发展性

职业生涯是一个动态的发展过程。一方面，个体自身通过持续不断的努力来提高个人能力和职业水平，通过实现职业追求来提升个人价值，从而承担着越来越重要的社会角色；另一方面，个体在与他人、环境和社会的互动中，根据自己不断丰富的社会职业信息、个人职业能力、职业决策技术，做出与该阶段相符合的职业规划。

3. 可规划性

职业生涯规划的目的不是预言职业生涯发展过程中的具体细节，而是给个人提供一个总体的职业生涯发展状态的指导，战略性地把握职业生涯发展方向。在职业生涯发展过程中存在很多偶然性因素，职业生涯的可规划性正是表现在对职业生涯发展过程中许多偶然性因素的把握上。

4. 差异性

作为独特的个体，每个人在个人特质、性格气质、能力特点上都有差异，因而在职业目标的选择、职业规划的确定上都有所不同。在实现职业目标的道路上，个人行为方式的不同、努力程度的不同导致最后对目标的实现也必然有所差异。正是由于这种差异的存在，职业生涯设计才是个性化的，职业生涯设计越个性化，它对个体的职业生涯发展越具有切实的指导意义。

五、影响职业发展的因素

不同的人可能有着种种不同的职业历程：有的人从事这种职业，有的人从事那种职业；有的人一生变换过多种职业，有的人一生都在一个岗位上；有的人事业有成，有的人则碌碌无为。这是因为影响职业发展的因素是多方面的，有自身因素、职业因素，也有社会环境因素。

（一）自身因素

影响职业发展的自身因素包括健康、心理、性别、年龄、家庭、教育等。

1. 健康

俗话说："身体是革命的本钱。"健康的身体是职业生涯成功的首要条件，体质与健康在每一种职业中都是必不可少的。体质包括身体形态及其发育水平、生理机制、运动能力、适应能力、感知能力等；健康指身体健康、心理健康和具有良好的社会适应能力，它受遗传、营养、医疗保健与心理等因素的影响。需要注意的是，体质和健康条件有时会限制个体进行职业选择或职业流动。比如，飞行员职业对从业者的体质条件具有硬性要求。

2. 心理

心理是影响职业发展的重要因素。心理主要包括性格、气质、能力及能力倾向、价值观、态度，以及是否喜欢与人打交道、与人合作等。不同气质、性格、能力的人适合从事的工作类型也不同，如多血质（对称活泼型，敏捷好动，善于交际）的人较适合做管理、记者、外交等工作，不适合做过细的、单调的、机械性的工作。如果做与自己个性特征不吻合的工作，个体容易觉得自己的能力被埋没。

3. 性别

随着科学技术的发展和社会的进步，人类由工业社会进入了信息社会。生产方式的改变使得男女两性在职业分工上的差距逐步缩小，职业的性别色彩逐步淡化，但是男女在生理特征、气质等方面都存在差异，社会对男女"社会角色"的期望也有些不同。这些差异使他（她）们在职业选择和职业发展上存在一定的差异，职业分工仍然存在。在职业选择和职业发展中，要充分考虑到职业对性别的要求，选择从事那些能发挥自己特长的职业。

4. 年龄

年龄与职业发展关系密切。在各类招聘的资格要求中，经常会出现关于年龄的要求。比如，在招聘营销代表、技术专员时，年龄往往要求在 30 岁以下。年龄之所以会成为影响职业发展的因素，是因为不同年龄段的人在生理、心理、工作状态、价值观念、适应变化的速度、思维模式、固有习惯、学习能力、生活压力、经验等诸多方面存在着很大差异。职业机会会随着年龄的增长呈减少趋势，年龄的优势只体现在某个特定阶段。所以，我们应正视年龄因素对职业发展的影响，把握最佳年龄阶段发展自己的职业。

5. 家庭

职业发展与个体自身的成长环境和家庭环境关系密切。首先，教育方式不同会造成孩子认知世界的方法不同；其次，父母是孩子最早观察、模仿的对象，所以其职业技能必然会对孩子产生重大影响；再次，父母的价值观、态度、行为、人际关系等会对孩子的职业选择产生直接或间接的影响，这就是艺术世家、教育世家、商贾世家等出现的原因。

6. 教育

一个人的受教育程度和水平，直接影响其职业选择的方向和成功率。受教育程度与职业发展有明显的关系，因为它对劳动者的知识结构、职业能力和职业价值观等均会产生重要的影响。实践表明，缺乏科学文化素质的劳动者在劳动生产过程中是很难发挥作用的。受教育程度虽然是事业成功不可缺少的因素，但不是唯一因素，因此，用人单位不仅要看应聘者的教育经历，还要看其能力和综合素质。

（二）职业因素

就业需求、职业声望、行业发展状况与发展前景等因素，往往会影响个人的职业行为及未来的职业发展道路。对这些职业因素进行认真的分析、谨慎的考虑，将有利于个体做出正确的职业选择和进行合理的职业发展规划。

1. 就业需求

就业需求就是在一定时间内各种不同职业对劳动者的需求量。就业需求可以鼓励和强化劳动者原有的职业倾向，抑制和打消劳动者不现实的设想，或者诱导劳动者产生新的职业期望。一般来说，职业需求越大，职业种类越多，就业机会就越多。

2. 职业声望

职业声望是在社会习俗、职业传统、社会舆论等因素的影响下，根据职业的社会功能、报酬、晋升机遇、工作条件及职业需求等方面对职业进行的排序。职业声望的高低对职业选择具有重要影响。

3. 行业发展状况与发展前景

要对行业发展状况进行分析，首先应了解自己现在从事的是什么行业，该行业的发展趋势如何，是逐渐萎缩的行业还是朝阳行业。对行业发展前景进行预测要考虑两个方面，即行业自身的生命力和国家对该行业的政策。

（三）社会环境因素

社会环境对每个人的职业发展都有重大影响，影响个人职业选择和职业发展的社会环境因素主要有经济发展水平、政治制度和氛围、社会文化环境、社会主体价值观念等。

1. 经济发展水平

个体所处地区的经济发展水平会对其职业发展产生无形的影响。通常来说，在经济发展水平较高的地区，企事业单位相对集中，优秀企业较多，职业选择的机会也较多，因而有利于个人的职业发展；反之，在经济较落后的地区，个人的职业发展就会受到一定的限制。但是，任何事情都不是绝对的。事实表明，越是艰苦的地方，人才越少，发挥才干的空间也就越大，成功的概率也就越高。

2. 政治制度和氛围

政治制度和氛围对个体的职业发展具有重要影响。一方面，对某种职业的利好政策会引导个体选择从事该种职业，也会对个体职业发展产生推动作用；另一方面，政治制度和氛围还会影响到经济体制，甚至是企业的组织体制，从而对企业中个体的职业发展产生间接影响。

3. 社会文化环境

社会文化环境包括教育条件和水平、社会文化设施、社会文化氛围等。在好的社会文化环境下，个体可以受到良好的教育，从而为以后的职业发展打下良好的基础；反之，则会给个体的职业发展造成障碍。

4. 社会主体价值观念

任何人都无法摆脱社会主体价值观念的影响，大多数人的价值取向都会为社会主体价值观念所影响。从某种意义上讲，一个人思想发展、成熟的过程，就是认可、接受社会主体价值观念的过程。社会主体价值观念一旦形成，会直接决定人们对某种职业的认识、接受和认可程度，人们倾向于选择从事社会认可度高的职业，也会对其发展给予更多的关注和支持，从而影响某种职业的发展趋向。对大多数人而言，思想的发展、成熟是在职业发展的过程中完成的，所以，社会主体价值观念必然会对个体的职业发展产生影响。

友情提示

日本职业生涯专家高桥宪行将职业生涯形态归纳为18种，具体如下。

（1）超级巨星型。这类人具有较高知名度，其举动时常在无形之中牵动许多人的利益，是大家公认的名人。

（2）卓越精英型。这类人品德好，知识渊博，具有深刻的洞察力，常常能适时化险为夷，扭转乾坤。

（3）劳碌命运型。这类人愿意安分守己，过着朝九晚五的普通生活。

（4）得过且过型。这类人没有什么理想和抱负，很少为工作奋斗和拼搏，凡事只求过得去即可。

（5）捉襟见肘型。这类人即使机会来了也不知道如何把握，但是一旦错过机会却又怨天尤人，自暴自弃。

（6）祸从口出型。这类人喜欢批评别人，常常将自己的过错推卸给别人，而且喜欢标新立异，但提出的一些计划常常无法实现。

（7）中兴二代型。这类人常常继承有可观的家产，自己也兢兢业业，大都能将家业发扬光大。

（8）出外磨炼型。这类人虽然家有产业，却自愿先到其他公司工作，从基层做起，靠自己的能力发展自己，在磨炼中得到成长。

（9）家道中落型。这类人在面对困境时，常常束手无策，欲振乏力。

（10）游龙翻身型。这类人能充分运用人生的蛰伏期，深刻思考自己的未来，并重新规划自己，终至飞跃。

（11）转业成功型。这类人在面临困境时可以下定决心，迈开步伐，解脱束缚，另谋出路，闯出一番天地。

（12）一飞冲天型。这类人才华出众，又具有拼搏精神，一旦遇到好的机会，就能一跃而起。

（13）强力搭档型。这类人如果能得到志趣相投、能力互补的强力搭档的配合，一定可以开创成功的职业生涯。

（14）福星高照型。这类人相当幸运，往往随着时势的推移，在风云变幻中成就美好的事业前程。

（15）暴起暴落型。这类人常常人生多舛，起伏不定，崛起、衰败往往均在一夕之间。

（16）随波逐流型。这类人常常目标不够明确，策略不够坚定，行动三心二意，最终只能随波逐流，很难有所成就。

（17）强者落日型。这类人虽然才能出众，也曾呼风唤雨，但常因人生的际遇虎落平阳，从此一蹶不振。

（18）一技在身型。这类人一般专注于某一领域，认真钻研，始终努力不懈，踏踏实实。

反观自我

告别初中进入中等职业学校，有时有一种莫名其妙的怅然若失；想象未来，似乎又缺乏准备。但无论如何，我已经踏上了职业生涯的征程。通过学习这一课，我真正感悟到：

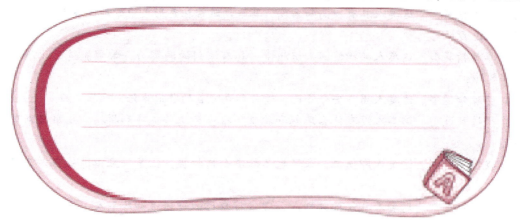

第二课　职业生涯规划的内涵

理想是石，敲出星星之火；理想是火，点燃熄灭的灯；理想是灯，照亮夜行的路；理想是路，引你走到黎明。

——流沙河

成长话题

（1）什么是职业生涯规划？

（2）职业生涯规划的内容是什么？

（3）职业生涯规划的步骤是什么？

（4）职业生涯规划的基本原则是什么？

知识探究

人的一生会遇到许多机遇和挑战，做好准备的人会很好地利用这些稍纵即逝的良机，做出正确的抉择，从而实现自己的人生理想。在这众多的抉择中，对人生影响最大、最长远的就是职业发展的抉择，每个人都应该对自己的职业生涯做出一个全面的规划，然后努力实施，在职业发展中实现人生的价值。

案例启迪

> 刘玲毕业于一所职业学校，学的是酒店管理专业，她毕业前实习的时候曾经接待过一位广告公司的行政经理。刘玲热情周到的服务给这位行政经理留下了深刻的印象，于是邀请刘玲到她的公司做前台接待，而这时刘玲的实习单位（酒店）也有意留下她。刘玲权衡再三，觉得自己更希望做一名广告人，于是就选择了去广告公司。在接下来长达4年的从接待到文秘的职业生涯中，刘玲在完成好自己本职工作的同时，还处处注意观察学习，有针对性地参加一些培训，主动参与一些广告创意的设计。4年后，当另一家广告公司邀请她去做行政主管时，刘玲却出人意料地提出希望成为一名创意助理，尽管这个职位的待遇比行政主管低了很多，但她却由此正式踏入了广告行业的专业岗位。现在，刘玲已经是这家公司的业务骨干了。她给自己定下的5年目标是：成为公司的创意总监。回顾自己毕业以来的生活，刘玲感到自己过得充实和富有激情，抓住了可能的发展机会，而且最重要的是，她对实现自己的目标充满了信心。

这个案例中的主人公刘玲，是一位拥有很强职业生涯规划能力的人，她的规划使她能够在人生的十字路口上较为容易地做出明确的选择，因为她知道自己愿意努力的方向。在未来的人生中，我们每个人都会面临很多难以预料的事件和问题，需要我们做出抉择。职业生涯规划就像在大海中航行时的灯塔，使我们能够始终把握住前行的方向，坚定自己的步伐，发掘自己迎接困难和挑战的潜力。

一、职业生涯规划的含义

职业生涯规划是在了解自我的基础上确定适合自己的职业方向、目标，并制订相应的计划，以避免就业的盲目性，降低就业失败的可能性，为个人的职业成功提供最有效率的路径，或者说，是在"衡外情，量己力"的情况下设计出合理且可行的职业生涯发展方案。

职业生涯规划的含义是：自己打算选择什么样的行业、什么样的职业、什么样的组织，想达到什么样的成就，想过一种什么样

的生活，如何通过自己的学习与工作达到自己的目标。在对一个人职业生涯的主客观条件进行测定、分析、总结的基础上，对自己的兴趣、爱好、能力、特点进行综合分析与权衡，结合时代特点，根据自己的职业倾向，确定最佳的职业奋斗目标，并为实现这一目标做出行之有效的安排。职业生涯规划是对个人职业前途的展望，是实现职业理想的重要途径。

人生规划、职业规划与学习规划的关系，如下图所示。

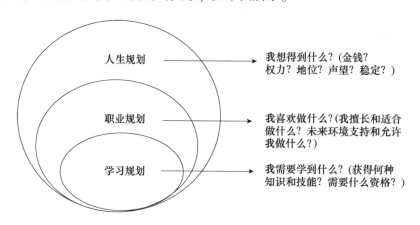

人生规划、职业规划与学习规划关系示意图

二、职业生涯规划的内容

职业生涯规划的
内容与原则

1. 客观地对自身条件和客观条件做出分析

（1）分析自身条件。脱离自身条件的目标是没有激励作用的，是空想而不是理想。认识自己不但要了解"现在的我"，还要预测"明天的我"，找出自身条件与职业需求的差距。

（2）要冷静地分析自己所处的客观环境。每个人的家庭背景，以及所处地区的就业政策、经济发展水平，都会影响到个人就业和今后职业的发展。

2. 根据分析的结果确定自己的职业发展目标

职业目标既可以是方向、范围，也可以是十分具体的职业。成功要靠目标来领航，强烈的成功欲望和信心，会极大地激发自身的能量和热情，使自己精神百倍地为目标的实现而做出努力。

3. 设计出不同阶段的目标

职业生涯是漫长的，职业理想的实现是需要一个过程的，所以我们需要将职业理想这个远期目标做出分解，制订出恰当的阶段性目标。阶段性目标是指可望又可即的，经过努力就可能实现的，而且是十分具体的，不能是空泛的。每一个阶段目标之间的关系是阶梯状的，前一个目标是后一个目标的基础。

4. 制订确保目标实现的措施

要想将目标变为现实，还需要付出实实在在的努力。制订出可行而具体的措施，是职业生涯规划的重要内容。措施要包括实现目标的期限、目标的具体评价标准、各项措施的内容及其完成时间等。

三、职业生涯规划的步骤

面对日益激烈的职场竞争，每个人都不得不面对这样的问题："我未来的路在哪？如何找到我满意的工作？"所以，每个人其实都在心里想过自己的职业规划。也许这只是一个很模糊的意识。只要通过思考以下几个问题，职业生涯规划过程就明确了。

（1）自己是什么样的人？这是自我分析过程。分析的内容包括个人的兴趣爱好、性格倾向、身体状况、教育背景、专长、经历和思维能力。这样对自己有个全面的了解。

（2）自己想要什么？这是目标展望过程，包括职业目标、收入目标、学习目标、名望期望和成就感。特别要注意的是学习目标，只有不断确立学习目标，才能不被激烈的竞争淘汰，才能不断超越自我，登上更高的职业高峰。

（3）自己能做什么？自己专业技能何在？最好能学以致用，发挥自己的专长，在学习过程中积累与自己的专业相关的知识技能。同时，个人工作经历也是一个重要的经验积累。要从以上各点判断自己能够做什么。

（4）自己的优势是什么？自己具有哪些职业竞争能力？自己的资源和社会关系如何？个人、家庭、学校、社会的种种关系，也许都能够影响自己的职业选择。

（5）什么是最适合自己的？行业和职位不同，待遇、名望、成就感和工作压力及劳累程度都不一样，哪个才是适合自己的呢？就看个人的选择了。选择好的并不一定是合适的，选择合适的才是最好的。这个问题要根据前4个问题来回答。

（6）自己能够选择什么？通过前面的过程，自己就能够做出一个简单的职业生涯规划了。机会偏爱有准备的人，做好了自己的职业生涯规划，为未来的职业做出了准备，当然比没有做准备的人机会更多。

四、职业生涯规划的基本原则

1. 择己所爱

调查表明：兴趣与成功概率有着明显的正相关性。在规划自己的职业生涯时，考虑自己的特点，珍惜自己的兴趣，选择自己所喜欢的职业，职业生涯会由此变得妙趣横生。

2. 择己所长

在进行职业选择时择己所长，从而有利于发挥自己的优势。运用比较优势原理充分分析别人与自己，尽量选择冲突较少的优势行业。

3. 择世所需

在规划自己的职业生涯时，一定要分析社会需求，从社会的整体利益出发，择世所需。最重要的是，目光要长远，能够准确预测未来行业或者职业发展方向，再做出选择。不仅要考虑眼下有无此种社会需求，并且要考虑这个需求是否长久。

4. 择己所利

在择业前首先要考虑的是自己的预期收益——个人幸福最大化。明智的选择是在由收入、社会地位、成就感和工作付出等变量组成的函数中找出一个最大值。

反观自我

　　我们每一个人都像是一艘拥有巨大潜力的航船，这艘航船要在人生的道路上乘风破浪，勇往直前，必须在一个个航标的指引下才能最终到达理想的彼岸。通过学习这一课的内容，我真正意识到：

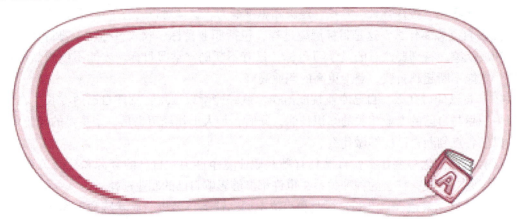

第三课　职业生涯规划的目的与意义

　　谁有生活理想和实现它的计划，谁便善于沉默，谁没有这些，谁便只好夸夸其谈。

——埃尔温·斯特里马

成长话题

（1）职业生涯规划的目的是什么？

（2）职业生涯规划的意义是什么？

知识探究

　　规划是人类独有的智慧，表现了人对自己、对环境的把握和掌控能力。简单地说，规划就是在考虑各种可能性之后，形成一个希望达到的目标，根据目标制订行动计划，依照计划执行，在执行中不断进行修正的过程。生涯规划不是一个直线型的活动，它是一个不断重复、更新的过程。

规划具有如下的特性：

第一，规划是面向未来的；

第二，规划是一种从思考到行动的过程；

第三，规划不是一成不变的，如果出现了新的情况和新的信息，就要对规划进行修正。

有了规划，我们就可以有目的地采取行动，最后获得自己希望得到的结果。也就是说，不再"听天由命"。不是每个人都能够利用规划来帮助自己更快、更好地实现目标，会不会做规划，是一个人是否成熟的表现。小时候，我们由父母和家人为自己安排生活，也不断地从一件件小事开始学习如何安排自己的生活。现在，我们已经进入了能够独立思考的阶段，可以也应该规划自己的职业生涯。

职业生涯规划就是对自己未来的生活进行规划的活动。我们也许已经做过很多的计划，比如说一个学期的学习计划、一次春游计划等。而这一回，我们面对的是自己的前途和人生——职业生涯。职业生涯是一片沃土，等待我们去有计划地合理开垦，使它结出令人欢欣的硕果。

职业生涯规划的目的在于帮助个人发展属于自己的独特的生活形态，实现自己的生涯目标。有的人喜欢紧张和富有挑战的生活，把追求事业作为人生最大的快乐和目标；有的人则喜欢松散悠闲的生活，希望有更多的时间和家人在一起。这就是每个人不同的生活追求。只要你所做的是社会所需要的，对自己来说也是最合适的，那么，不管从事什么职业、什么岗位，都能够获得充实和快乐。

哈佛大学曾经做过一个长期的跟踪调查，对象是那些智力、学历和环境因素基本相同的年轻人，内容是考察目标对人生的影响。调查开始的数据表明：27%的人没有目标；60%的人目标模糊；10%的人有清晰但比较短期的目标；3%的人有清晰且长期的目标。25年后，再来对这些人的生活进行调查，他们的状况如下。

有清晰且长期目标的人，25年来几乎没有改变过自己的目标，并且向着这个目标不懈努力，最后，几乎都成了社会各界的精英。

有着清晰但是短期目标的人，他们的短期目标不断通过努力得以实现，生活水平稳步提高，成为社会各个行业中不可缺少的专业人士。

目标模糊的人，虽然能够安稳地生活和工作，但是除此之外，没有其他的成绩。

没有目标的人，经常处于失业状态，靠领取失业救济金生活，对整个世界充满怨恨。

上面的调查告诉我们，目标对人生有着巨大的导向性作用。罗伯特·F.梅杰曾说过，如果你没有明确的目的地，你可能走到你不想去的地方去。每个人的职业生涯都是漫长的，如何使这个漫长的历程走得顺利，如何在这个过程中不迷失方向，最终到达自己理想的彼

岸，我们就需要对我们的职业历程做出科学的规划。

职业生涯规划的目的，绝不仅是帮助个人按照自己的资历条件，找到一份合适的工作，达到个人目标；更重要的是帮助个人真正了解自己，为自己定下事业大计，筹划未来，拟定一生的发展方向，根据主客观条件设计出合理且可行的职业生涯发展方向。因此，进行个人职业生涯规划具有以下重要意义。

第一，职业生涯规划可以发掘自我潜能，增强个人实力。行之有效的职业生涯规划将会引导自己正确认识自身潜在的资源优势，重新对自己的价值进行定位，运用科学的方法，采取可行的步骤与措施，不断增强自己的职业竞争力，实现自己的职业目标与理想。

第二，职业生涯规划可以增强发展的目的性与计划性，增大成功的机会。职业生涯发展要有计划、有目的，不可盲目地"撞大运"，很多时候我们的职业生涯受挫折就是由于生涯规划没有做好。好的计划是成功的开始，古语讲，"凡事预则立，不预则废"就是这个道理。

第三，职业生涯规划可以提升自身的竞争能力。当今社会处在变革的时代，到处充满着激烈的竞争。物竞天择，适者生存。职业活动的竞争非常突出，尤其是我国加入世界贸易组织（WTO）后，要想在这场激烈的竞争中脱颖而出并立于不败之地，必须规划好自己的职业生涯。这样才能做到心中有数，不打无准备之仗。

第四，没有规划的人生注定要失败。亚里士多德曾经说过："人是一种寻找目标的动物，他生活的意义仅仅在于是否正在寻找和追求自己的目标。"完全没有规划的职业生涯是注定要失败的。

职业生涯规划是一种观念，我们要树立职业生涯可以规划的观念，做自己职业生涯发展的主人；职业生涯规划是一种实践技能，需要我们在实践中不断地磨炼和提高。通过学习这一课的内容，我感悟到，我们应该从现在开始：

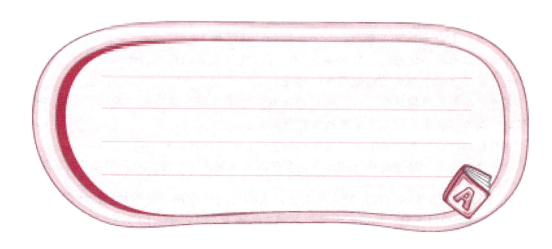

职业生涯规划的4个要点

1. 内外因最佳匹配

找工作最重要的就是要人岗匹配，不能高攀也不能低就，职业规划就是找到这个最佳匹配点和今后各个阶段的发展平台。通过对自己的内在因素进行测评，找到潜质的因素，而学历、经验、能力、兴趣、特长等是外部的因素，要把内外优势结合起来，拧成一股绳，形成职场打拼的强有力的核心竞争力。

2. 职业定位要"准"

定位就是要落在"定"和"准"上，不能泛谈，其中包括行业定位、方向定位、职位定位、薪酬定位等多项内容。比如，你定位IT行业，那么，方向是软件还是硬件，是销售还是技术，是基本程序员还是工程师，其中差别很大，各有千秋。

3. 把握市场大脉搏

在明确自己想从事、能从事的专业领域和事业方向的同时，还应考虑社会的需求和未来发展前景等外在因素，这是规划成功的基本保证。如果所选择的职业，自己既感兴趣又符合职位能力要求，但社会没有需求或需求极少，未来就业机会渺茫，这样的职业生涯规划其起步就是失败的。

4. 善于从小事、从最具体的职业岗位做起

善于从小事、从最具体的职业岗位做起，只要这种小事、具体事与自己的最终职业目标一致，有利于个人职业目标的实现，都可以选择确定为自己的最初职业岗位。人的职业生涯规划就是这样一件可以由若干件小事（行为）所组成的大事，立足于小事，才能成就大事。

（一）为自己的职业生涯规划做一个简单的初步的设想。

1. 自己是什么样的人？

2. 自己想要什么？

3. 自己能做什么？

4. 自己的优势是什么？

_____

5. 什么是最适合自己的？

_____

6. 最后自己能够选择什么？

_____

（二）你的生涯之船已经启航，在茫茫大海中，你将怎样前行？下图是一张生涯船长类型分析表，请你依次回答，你将会知道自己是哪一种类型的生涯船长。

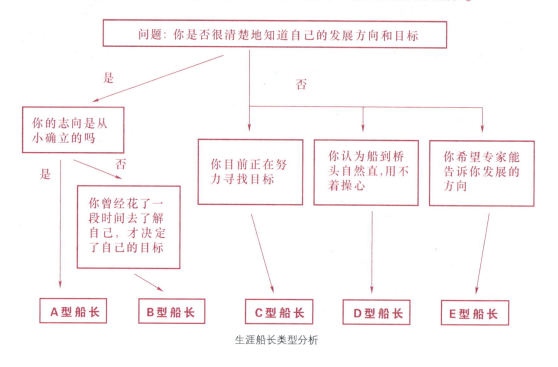

生涯船长类型分析

知道你自己是哪一种类型的船长了吗？每一种类型代表着人们对于生涯规划所持的不同态度，具有不同的特点。

● 致 A 型及 B 型船长：

你已经拥有了清晰的发展方向和目标。在未来的生涯航程中，你的充分自信将成为你的最大资本。不过，光有自信还不足以战胜未来可能出现的惊涛骇浪，用心地学习这门课程并且学以致用，将能够使你获得有关生涯航行的知识和技巧，在必要的时候及时调整航向，让你的航行更加顺利。

● 致 C 型船长：

虽然你现在还没有清晰的发展方向和目标，但是你正在努力探索。通过学习、应用这门课程中的有关技能，相信你一定能够尽快找到自己人生的方向。本门课程将系统地帮助你认识自己、认识工作与职业，使你获得生涯航行所必需的知识和技能，通过这些阶段的学习，相信你的生涯发展目标会逐渐清晰起来。

● 致 D 型及 E 型船长：

你现在还没有清晰的发展方向和目标，还在等待时机的来临，这门课程的学习将提供给你一次良好的机遇。如果你用心地学习这门课程，相信你会在其中找到自己问题的一些答案。课程中的所有内容和知识探究的目的都在帮助你发现自我、了解工作与职业，这些信息的吸收、了解和运用将是决定你生涯发展方向的重要起点，因为，你才是自己生涯发展的主人。

外国民间有一句谚语：认识你自己，你就能认识整个世界。这说明，在认识自己和认识世界的过程中，最根本的是要充分地了解自己。

我们每一个人都出生和成长在不尽相同的环境和教育背景之中，形成了自己的个性，有自己的能力和特长，有独特的性格和兴趣，也有自己的各种希望。想要成功规划自己的一生，首先必须去探索自己、发现自己、了解自己。也就是说，认识自我是职业生涯规划的重要基础，能否打好这个基础，将关系着我们的职业生涯发展是否能取得成功。只有对自己做一番深入的思考，明白自己的人生价值观，才能比较容易地找到自己职业生涯规划的目标，确定具体的策略，进而规划出一个适合自己、让自己满意的未来。

自我篇

——职业生涯规划中的自我分析

认识自己的性格特征

认识一个人的个性，关键在于认识他的性格特征。

——列维托夫

成长话题

（1）在向别人进行自我介绍时，应该怎样描述自己的性格特征？

（2）自己的性格类型是什么？

（3）性格与职业有什么关系？

知识探究

在日常生活中，每个人都有着区别于他人的经常性、习惯性的表现，心理学上把表现在人对待客观现实的态度和与之相对应的行为方式的、比较稳定的心理特征称为性格。

近年来，许多用人单位在选聘人才时都出现了一种新观念，就是认为人的性格比能力更重要。为什么会这样说呢？原因在于如果一个人能力不足，可以通过教育、培训等来提高，但如果一个人的性格不好，要改变起来就极为困难，所以一些单位在招聘新人时，开始将性格测试放在了首位。当性格与职业相吻合时，才会有进一步对能力等其他方面进行测试考查的意愿。

的确，性格是一个人个性的核心部分，几乎涉及人的心理过程及个性特征的方方面面。性格贯穿着一个人的全部心理活动，调节着人的行为方式，是一个人区别于他人的独特性所在。

一、性格特征

性格特征是指一个人在生活中，对人、对己、对事、对适应环境所显示出来的一种比较稳定的独特个性。它是由一个人的遗传、家庭与文化环境、心理成熟度、学习等因素综合影响而形成的，并且会在一个人的态度、认知活动、实践行为、情绪、需求、兴趣等层面表现出来。

1. 性格对现实的态度特征

性格对现实的态度特征，即人在处理各种社会关系方面表现出来的性格特征，包括对社会、对集体、对他人的态度，对劳动和劳动产品的态度，对自己的态度。

2. 性格的意志特征

如有的人意志坚强，锲而不舍；有的人意志薄弱，容易动摇。

3. 性格的情绪特征

如有的人情绪稳定，有的人则喜怒无常。

4. 性格的理智特征

性格的理智特征指人在感知、记忆、想象和思维等认知方面表现出来的特征。

二、性格类型

性格理论是古老的人格心理理论。早在公元前4世纪左右，就有古希腊哲学家用30个词汇特征简短而有力地刻画出各个具有反面性格的典型人物（如唠唠叨叨的人、说谎的饶舌者等），这是迄今为止为人所知的最早的人格类型研究。

古希腊医生希波克拉底从人体的体液出发，认为人体内4种体液的不同组合最终决定了人的本性。而后，此说法经古罗马医生盖仑补充，遂正式提出多血质、黏液质、胆汁质与抑郁质四大气质类型。多血质的人活泼开朗，胆汁质的人冲动暴躁，黏液质的人冷漠理性，抑郁质的人沉静内敛。这一分类影响深远，而且与日常观察基本相符，所以一直是最为通行的气质类型学说，在现代的性格理论中仍然有其痕迹。

英国心理学家培因（A. Bain）和法国心理学家李波（Ribot）提出3种机能理论。他们根据心理中的理智、情绪和意志3种机能各自所占的优势把人的性格划分为理智型、情感型和意志型。

瑞士著名心理学家荣格（Jung）提出内外倾理论。荣格把人划分为外向型与内向型两类，外向型的人重视外在世界，活跃、自信、勇于进取，容易适应环境的变化；内向型的人重视主观世界，经常内省、沉默寡言、容易害羞，较难适应环境的变化。把人的4种心理活动——感觉、思维、情感和直觉与上述的两大态度类型两两配对，便得出了人性格的八大机能类型，即外倾思维型、内倾思维型、外倾情感型、内倾情感型、外倾感觉型、内倾感觉型、外倾直觉型以及内倾直觉型。

德国哲学家、教育学家斯普兰格（Spranger）根据人类不同的生活方式，把性格划分为理论型、经济型、权力型、社会型、审美型和宗教型6种所对应的类型。

我国心理学家卢家楣也提出了个体独立论理论，该理论根据个体独立性特点，将性格分为独立型、顺从型和反抗型。

案例启迪

小强是职业学校一年级男生，他活泼好动，待人热情，不喜欢刻板的生活，特别喜欢小孩，有亲和力。可是他现在读的却是财会专业。他觉得一名财会人员需要经常坐在办公室，与数字打交道，一点乐趣也没有。他自己想转到幼教专业去，毕业后当一名幼儿园老师，甚至还想当园长。他的父母不同意，他的不少同学也不赞成，说哪有男生当幼儿园老师的。后来他向职业指导室的老师请教，职业指导老师告诉他，幼儿园非常需要一些男性老师，来改变幼教过度女性化的现状，提高男孩子们的阳刚之气。经过思考，他决心冲破传统的男女职业分工观念，转到幼教专业。

一个人的性格特征与他的生涯规划、生涯决定是息息相关的。像小强的活泼好动、有亲和力、喜欢孩子的性格，让他决定了要到幼儿园去工作。由此可以看出，一个人的性格特征会影响他对职业的喜好感，而不同性格特征的人适合从事不同的行业，会选择不相同的职业。

三、性格与职业的关系

人的性格千差万别，有的外向热情，有的内向害羞；有的遇事沉着冷静，有的脾气暴躁。职业心理学的研究表明，不同性格类型的人，适合不同类型的职业。

美国心理学家约翰·霍兰德（John Holland）是著名的职业指导专家，提出了"性格类型-职业匹配"理论。他认为一个人的性格类型（包括价值观、兴趣、动机、需要等）与其从事的职业密切相关，不同的人格特征适合不同的职业。通过几十年间100多次大规模的实验研究，他发现一共存在6种不同的性格类型：现实型、研究型、艺术型、社会型、企业型以及事务型。当一个人的性格类型与职业相匹配时，他会感到内在的满足，并充分发挥自己的聪明才智；当性格类型与职业相近时，那么经过努力也会适应工作，取得成就；而当性格类型与职业相斥时，那么就会觉得工作索然无味，或根本无法胜任。

许多职业的确对性格品质有着特定的要求，要选择某一职业就必须具备这一职业所要求的性格特征。比如律师这一职业，就需要有逻辑思维严密、喜欢独立思考的性格；而财会、统计、档案一类的职业则需要有相对严谨、踏实的性格；从事绘画、导演、演艺等职业的人，则一般具有想象力丰富、思维跳跃的性格。可以说，从事任何一种职业都会有一定的职业性格要求，与职业要求相符的职业性格有助于更好地完成工作。

当然，除了少数职业对性格类型有着近乎苛刻的严格要求外，大多数职业并不一定过分强调性格与职业之间的严格对应。因为不同的性格类型可能在同一个职业领域发挥出不同的作用，而同一性格类型的人在不同的职业领域也可能会有各具特色的表现。

在实际生活和工作中，纯属于一种性格的人并不多。霍兰德也指出，大多数人并非只有一种性格类型，而可能同时包含数种不同的性格类型；各性格类型之间也非完全独立，而是分为兼容、中性、相斥3种情况。如果一个人身上的两种性格类型是相互排斥的，如研究型和企业型，那么他在选择职业的时候就会比较犹豫彷徨；如果一个人身上的两种或几种性格类型相近或兼容，如一个艺术型、研究型、社会型的人，那么他选择职业时就相对比较容易和迅速。

性格特征与职业生涯规划的关系是很密切的，所以要规划职业生涯，首先需要了解自己具有什么样的性格特征。

霍兰德的"性格类型–职业匹配"理论

性格类型	表现特征	职业类型	表现特征
现实型	有攻击性 有机械呆板倾向 重视现实 传统的男子气质 借助手势表达问题 避免人际关系的任务	现实型	要求明确的、具体的、体力性的任务 户外的 需要立即行动 需要立即强化 较低的人际关系要求
研究型	思考问题透彻 讲究科学性 有创造力 言谈简明扼要	研究型	要求有思考和创造性 极少社会要求 需要实验室设备但不需要强的体力劳动
艺术型	有成就感 害羞 有独创性 不合群 不喜欢有程序和内容要求的任务 有情绪性的表现	艺术型	解释和修正人类行为 对于是否优异有模糊的标准 喜欢长时间地埋头苦干 单独工作
社会型	责任感 人道主义 具有人际技能 解释和修正人类行为	社会型	要求高水平的沟通 帮助他人
企业型	依靠权力和威望来解决问题 善于口头表达 倾向于权力和地位	企业型	强调威望 完成督察性角色 需要说服他人 需要有管理行为
事务型	偏爱有程序和内容要求的工作 高度的自我控制 权力和地位的强烈认同	传统型	体力要求极低 户内的 需要较低的人际关系要求

四、培养性格的途径和方法

性格不是一成不变的，它具有可塑性。性格的形成受职业环境、实践活动和自我调整的影响，通过后期的实践活动，人的职业个性是可以随着职业的需求而做适当的调整的。比如，一些优秀的销售人员性格趋向本来是内向型的，他们刚刚接触这个工作时，肯定会比外向型的人需要更多的时间来适应，比外向型的人付出更多的努力。但如果这是自己喜欢的工作，工作中不断完

培养性格的途径
和方法

善自己的性格，工作方法适当同样可以弥补性格上的某些不足，提高工作绩效，一样会做得很出色。

中等职业学校的学生正处于调适性格的重要时期，为了实现自己的职业理想，可以从以下几方面培养自己的职业性格。

1. 要树立正确的职业观

人的职业观对职业性格的形成具有决定性作用。如果一个人对某一职业有所向往，就会主动了解这个职业对从业者的要求，主动控制自己，自觉地按照该职业的要求去做。人有自己的性格是正常的，但是人们需要通过职业既为社会承担一定的义务和责任，又能展示自己的价值，取得相应的报酬。在择业时，能适应职业要求的人，获得岗位和职业发展的机会就大。

2. 要善于向榜样学习

一种榜样是这个专业所对应职业群的成功者，这一种人在本专业以前的毕业生中就可以找到。要切实了解他们身上具有的与职业要求相符的性格特征。当然，它们之间不可能完全相符。另一种榜样是成功克服性格问题，找到心仪职业的典型人物，要了解他们调适自己的动力所在，学习他们调适的方法和措施。

3. 要积极参加实践，严格要求自己，不断提高素养

性格是比较稳定的心理特征，不要想一蹴而就地改变自己，这需要一个过程。在改变的过程中，要严格要求自己，积极参加职业实践活动，相关专业的实践活动十分有益于职业性格的养成。中等职业学校的学生，应该在专业课的学习和实践中，在各种社会实践活动中，抓住机会，大胆锻炼，不断调适和完善自己的职业性格，为将来走上工作岗位做好充分的准备。

五、挖掘隐性性格

性格和职业是相辅相成的。虽说每个人的性格不一定百分之百地适合所选择的职业，但却可以根据自己的职业倾向来培养、发展相应的新的职业性格。

有的人也许在生活中很活跃，但面对工作的时候却是另外一种状态；有的人同人相处时是一种性格，独处时又是另一种样子。不少人经常为这种矛盾的性格困扰和迷惑，不知道究竟哪一种性格才是自己真正的特征。

其实人的性格是极其复杂的，所属的性格类型并不是绝对单一的或一成不变的。大多数人在性格类型的划分上可能主要属于某一种类型，但也具有其他性格类型的一些特质。也有一些人同时具有相近的或者中性关系的其他性格，真正相互排斥的并不很多。这种隐藏的性格有时就可以决定自己的工作是否可以取得成功，所以更重要的是需要在实践中去挖掘自己隐藏的一面。

理智地自我剖析，在择业过程中至关重要，但所谓当局者迷，有时候个人的确很难清楚地认识自己，所以当一个人在分析自己的性格类型时，可以向周围的人，包括自己的父母、老师、同学、朋友进行咨询，从他们那里得到一些中肯的评价和有益的指导，并从不同事件中审视自己的性格特征，只有完全清楚自己的性格，才能更好地确定自己择业的目标。

案例启迪

一个简单的性格投射实验

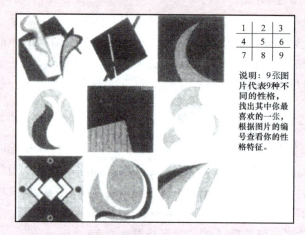

说明：9张图片代表9种不同的性格，找出其中你最喜欢的一张，根据图片的编号查看你的性格特征。

选择图1：无忧无虑、顽皮、愉快的人

- 喜欢自由自在、无拘无束的生活。
- 座右铭：人只能活一次，因此要尽量享受每一刻。
- 好奇心旺盛，对新事物抱有开放的态度；向往改变，讨厌束缚。
- 觉得身边的环境都在不断变化，而且经常为自己带来惊喜。

选择图2：独立、前卫、不受拘束的人

- 追求自由、不受拘束、自我的生活。
- 工作及休闲活动都与艺术有关。
- 渴求自由，有时候会做出出人意料的事。
- 生活方式极具个人色彩；永远不会盲目追逐潮流。
- 会根据自己的意愿和信念去生活，就算是逆流而上也在所不惜。

选择图3：时常自我反省、敏感的思想者

- 对于自己及四周的环境能够比一般人控制得更好、更彻底。
- 讨厌表面化及肤浅的东西；宁愿独自一人也不愿跟别人闲谈，但跟朋友的关系却非常深入，这令自己的心境保持和谐安逸。
- 不介意长时间独处，而且绝少会觉得沉闷。

选择图4：务实、头脑清醒、和谐的人

- 作风自然，喜欢简单的东西。
- 人们欣赏你的脚踏实地，他们觉得你稳重，值得信赖。
- 能够给予身边的人安全感，给人一种亲切、温暖的感觉。
- 对于俗气的、花花绿绿的东西都不屑一顾，对时装潮流抱着怀疑的态度，对于你来说，衣服必须是实用及大方得体的。

选择图5：专业、实事求是、自信的人

- 掌管自己的生活，相信自己的能力多于相信命运的安排。
- 以实际、简单的方式去解决问题。
- 对日常生活中所遇到的事物抱有现实的看法，并且能够应付自如。
- 人们知道你可担当重任，因此都放心把工作交给你处理。
- 坚强的意志使你时刻都充满信心。
- 达不到自己的目标绝不罢休。

选择图6：温和、谨慎、无攻击性的人

- 生性随和，处事谨慎。
- 很容易认识朋友，但同时享受你的私人时间及独立生活。
- 有时候，会从人群中抽身离开，一个人静静地思考生活的意义，并自娱一番。
- 需要个人的空间，因此有时会隐匿于美梦当中，但你不是一个爱孤独的人。
- 跟自己及这个世界都能够和睦共处，而对现状亦非常满意。

选择图7：有较高的感知力、分析力，可靠，自信

- 对事物的灵敏度令你可以发现旁人忽略了的东西。
- 喜欢发掘美好的东西。
- 教养对于你的生活有很特别的影响。
- 有自己高雅独特的品位，无视任何时装潮流。
- 向往优雅而愉快的理想生活，也希望跟自己接触的人都是高雅而有教养的。

选择图8：浪漫、爱幻想、情绪化的人

- 你是一个感性的人，拒绝只从一个严肃、理智的角度去理解事物。
- 感觉也十分重要，事实上，你觉得人生必须要有梦想才活得充实。
- 不接受那些轻视浪漫主义及被理智牵着鼻子走的人，而且不会让任何事物影响到自己丰富的感情及情绪。

选择图9：爱冒险、喜欢竞争和表现的人

- 不介意冒险，特别喜欢有趣的、多元化的工作。
- 相比之下，例行公事及惯例会令你没精打采。
- 最兴奋的是可以积极参与任何比赛活动，因为这样就可以在众人面前大显身手了。

 探索活动

分析我自己的性格特征

下表中列出了我们常用来形容性格特征的一些字眼，仔细阅读并且想一想哪一些特征是你身上所具有的，将它们一一标出来，同时也请你身边的好朋友或老师标出他们认为你所具备的特征。比照他们标记出的特征和你自己标记出的，看看他们所形容的你和你所形容的自己，是一致的还是有一些不同，并思考为什么会有这些不同。

常见性格特征

顺从	乐观	坚毅	坦率	自然	害羞	勤奋
诚实	有恒心	稳健	谦虚	实际	喜欢分析思考	独立
服从	理性	内向	好奇	重视方法	冷静沉着	批判
具有科学精神	讲究效率	深谋远虑	有亲和力	人缘好	喜欢与人接触	乐于助人
为他人着想	随和	宽宏大量	善解人意	温暖	合作	循规蹈矩
有规律	缺乏弹性	节俭	缺乏想象力	传统保守	谨慎	有条理
按部就班	负责	复杂善变	喜欢变化	缺乏条理	想象力丰富	崇尚理想
情绪化	直觉的	不切实际	喜欢标新立异	独创性	易冲动	感性
好冒险	精力充沛	善于表达	慷慨	自信	细心	活泼热情
积极主动	喜欢表现	善分析	理想化	友善	仁慈	善社交

我标记、别人也标记的特征是：＿＿＿＿＿＿＿＿＿＿＿＿＿＿＿＿＿＿＿＿＿＿

我标记、别人没标记的特征是：＿＿＿＿＿＿＿＿＿＿＿＿＿＿＿＿＿＿＿＿＿＿

别人标记、我没标记的特征是：＿＿＿＿＿＿＿＿＿＿＿＿＿＿＿＿＿＿＿＿＿＿

我的发现：＿＿＿＿＿＿＿＿＿＿＿＿＿＿＿＿＿＿＿＿＿＿＿＿＿＿＿＿＿＿＿＿＿

原来我是个＿＿＿＿＿＿＿＿＿＿＿＿＿＿＿＿＿＿＿＿＿＿＿＿＿＿＿＿的人。

我希望继续保持的特征是：＿＿＿＿＿＿＿＿＿＿＿＿＿＿＿＿＿＿＿＿＿＿＿＿

我希望改变的特征是：＿＿＿＿＿＿＿＿＿＿＿＿＿＿＿＿＿＿＿＿＿＿＿＿＿＿＿

反观自我

世界上没有两片完全相同的树叶，同样也不会有两个完全相同的人。"我"是独一无二的，我的性格也是与众不同的，通过这一课的学习，我更加清晰地认识到我的性格是：

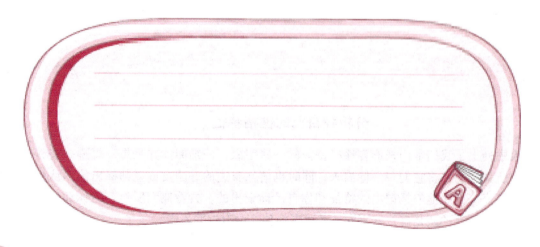

第二课 **分析自己的兴趣**

在没有任何兴趣的地方耕种，也绝不会有任何的回报。

——莎士比亚

（1）我的兴趣到底是什么？

（2）我的职业兴趣倾向于哪个方面？

（3）我的职业兴趣属于哪种类型？

大量事实表明，人们对自己感兴趣的事情往往比不感兴趣的事情做得好。兴趣能使人对感兴趣的职业给予特别关注和一心一意的向往，潜能被最大限度地调动起来。如果一个人所从事的职业，正好是自己感兴趣的，就容易使他将身心全部倾注其中，就会具有高度的自觉性和积极性，因而也就更容易获得成功，而在之后从工作中获得的愉悦和满足，又会转化成更大的动力。如此良性循环，能使一个人步入理想的职业境界。

一、兴趣

兴趣是指一个人对一些人、事、物有一种特别偏爱、关心，愿意去做、去探究的态度，在从事某项活动时会有一种愉快的感觉，或者在活动目标实现后，会有一种满足感和成就感。

一个人选择闲暇的生活方式当然可以从兴趣出发，而选择一份工作却不一定能这样，因为我们还要考虑到谋生，考虑到社会上的就业岗位。但是，一个成人的一天有三分之一甚至更多的时间是在工作。而且，一个人决定选择一份工作，关系到的不只是工资收入，更是其整个的"生活形态"。如果一个人喜欢自己的工作，那么，其对于工作的目标、内容、方式以及工作的成果，会有一种享受的、满足的愉悦感，对于工作所带来的独特生活方式，以及自己在其中所扮演的角色，是自己所接受的、喜爱的、肯定的。因此，当一个人在选择一份工作的时候，还是需要考虑自己"喜不喜欢"这种工作，"喜不喜欢"过这样的生活。

兴趣是人们活动的动力。兴趣越浓，人们活动的动力就越大，成功的机会也就越多。反之，缺少兴趣，活动的动力就低，成功的机会也会相应减少。

二、职业兴趣

实际生活中，很多人会结合自己的兴趣选择工作。例如，有些人喜欢享受速度感，所以选择当一名赛车手；有些人喜欢孩子的天真烂漫、纯朴无瑕，觉得天天和他们在一起自己也会永远年轻，所以就选择了当幼儿园老师或小学老师；有些人喜欢帮助别人，所以选择当社会工作者；有些人喜爱摆弄电子线路、修理电器，所以选择当电器维修人员；有些人钟情于艳丽多彩和巧夺天工的结构，于是选择了与美工、设计有关的工作；等等。

兴趣对一个人工作的影响是很大的，如果一个人选择的职业能够与他的兴趣相符合，那么就容易产生源源不断的动力，甚至废寝忘食、乐此不疲，他也会乐于接受相关训练，获得专业知识和技能，即使在工作中碰到一些挫折与困难时，也会有较多的勇气与毅力来面对问题、突破难关。因此，在这种情况下，一个人的潜能更容易被激发，他的职业生涯发展也就更容易成功。

职业兴趣是有关职业偏好的认识倾向，是人对某类专业或职业所抱有的积极的态度。同任何一种兴趣一样，职业兴趣也是一个人在事业上成功的动力。职业兴趣可以促进个人对事业的热爱。有强烈职业兴趣的人，一定是被这项职业所深深吸引，进而产生巨大的动力，并具有强烈的欲望和冲动，愿意为之付出任何辛苦。在这种状态下工作的人，一定会取得优异的成绩。可以说大多在事业上有所成就的人往往是对自己的职业充满兴趣并深爱自己的职业的人。毫无疑问，兴趣是铸造事业辉煌的强大动力。

职业兴趣大多不是与生俱来的，但是它可以在自身的兴趣上加以培养而成。一般来说，职业兴趣的形成与人们所处的生活和家庭环境、曾经参与的实践活动、自身的认识水平以及所处的社会环境等都有着密切的联系。

案例启迪

有一些人，因为偶然的一次实践或机会，认识了一个职业，从而终身选择了这一职业。例如，本来学医的青年鲁迅因为看到当时社会上的一些丑恶现象，愤而弃医从文，终身用手中的利笔，唤醒尚未觉醒的国人。

应该看到，职业兴趣是职业成功不可忽视的重要因素。我们在进行职业生涯规划时，要对自己的兴趣有一个客观的分析。美国哈佛大学 MBA 专业毕业生择业的第一步，往往是考虑个人的兴趣，其做法是把自己的兴趣与那些在不同职业上取得成功的人的兴趣进行对比，如果兴趣相近，则说明也许可以选择与成功者相同的职业。值得注意的是，有些人对某一职业很容易发生兴趣，但很快又会被另一种职业兴趣所代替，他的职业兴趣缺乏稳定性和持久性，在选择职业时，这种态度很难适应职业生涯的要求。只有稳定的职业兴趣才能获得持久的原动力，奠定事业成功的基础。

三、职业兴趣类型

职业兴趣类型

不同的人有不同的兴趣，有的人对研究自然科学感兴趣，有的人则对社会科学领域感兴趣；有的人的兴趣在于情感世界，活跃在人际关系领域，有的人的兴趣却是在理性世界，偏爱枯燥的公式、数学；有的人喜爱动脑，有的人则偏爱技能操作。

心理学家霍兰德将人的职业兴趣分成下述6种类型（见下表）。

霍兰德职业兴趣理论中劳动者类型与职业类型的对应关系

类型	劳动者	职业
现实型	愿意使用工具从事操作性工作；动手能力强，手脚灵活，动作协调；不善言辞，不善交际	主要是指各类工程技术工作、农业工作，通常需要一定体力，需要运用工具或操作机器。主要职业有工程师，技术员，机械操作、维修、安装工人，矿工，木工，电工，鞋匠，一般翻译人员，司机，测绘员，描图员等
研究型	抽象思维能力强，求知欲强，肯动脑，善思考；喜欢独立的和富有创造性的工作；知识渊博，有才华，不善于领导他人	主要是指科学研究和科学实验工作。主要职业有自然科学和社会科学方面的研究人员、专家，化学、冶金、电子、计算机、无线电、电视、飞机等方面的工程师和技术人员，飞机驾驶员，计算机操作员等
社会型	喜欢为他人服务和教育他人；喜欢参与解决人们共同关心的社会问题；渴望发挥自己的社会作用，体现自身社会价值；看重社会义务和社会道德	主要是指各种直接为他人服务的工作，如咨询服务、医疗服务、教育服务、生活服务等。主要职业有教师，保育员，行政人员，心理咨询师，医护人员，衣食住行等服务行业的管理人员、服务人员等
传统型	喜欢按计划办事，习惯接受他人的指挥和领导，自己不谋求领导职务；不喜欢冒险和竞争；工作踏实，忠诚可靠，遵守纪律	主要是指与文件档案、图书资料、统计报表相关的各类科室工作。主要职业有会计、出纳、统计人员、打字员、办公室人员、秘书、文书、图书管理员、导游、外贸职员、保管员、邮递员、审计人员、人事职员等
企业型	精力充沛、自信、善交际，具有领导才能；喜欢竞争，敢冒风险，处理事情稳重果断；喜爱权力、地位和物质财富	主要是指那些组织并对之施加影响，使他人共同完成组织目标的工作。主要职业有经理、企业家、政府官员、商人、领导者、管理者等
艺术型	喜欢以各种艺术形式的创作来表现自己的才能，实现自身的价值；具有特殊艺术才能和个性；乐于创造新颖的、与众不同的艺术成果；渴望表现自己的个性	主要是指各类艺术创作工作。主要职业有音乐、舞蹈、戏剧等方面的演员、艺术编导、教师，文学艺术的评论员，广播节目的主持人，编辑，记者，画家，书法家，摄影家，艺术、家具、时装、珠宝、房屋装饰等行业的设计师等

1. 现实型

这种类型的人喜欢明确地、有顺序地操作事物，也喜欢做同机械、动植物、工具等打交道的实用性质的工作；不喜欢理论性的研究工作或社会性质的职业。

2. 研究型

这种类型的人喜欢系统地观察自然界与文化界的现象，喜欢观察、思考、分析等具有研究性质的工作环境；不喜欢重复、单调的或需要企业管理能力的工作环境。

3. 艺术型

这种类型的人喜欢自由自在、无拘无束、非系统性的活动，或是运用想象力与创造力等富有艺术美感方面的职业；不喜欢文字处理等传统性的工作。

4. 社会型

这种类型的人喜欢与人接触的活动或是能与大众接触的职业，也喜欢助人、教学等增加他人幸福感的工作；不喜欢从事实际型的操作类的工作。

5. 企业型

这种类型的人喜欢管理、监督、策划，也喜欢领导他人、说服别人，从而实现团体的目标或是经济上的成就；不喜欢观察性的或研究性质的职业。

6. 传统型

这种类型的人喜欢从事明确、有秩序、有系统的文字处理或整理数字资料的工作（如档案管理的活动）；不太喜欢文艺性的工作。

霍兰德划分的这6种类型，并不是并列的，也没有明晰的边界。他以六边形标示出6种类型的关系：相邻关系（两种类型共同点较多）、相隔关系（两种类型共同点较少）、相对关系（两种类型对立点多，共同点少）。霍兰德职业类型模型如下图所示。

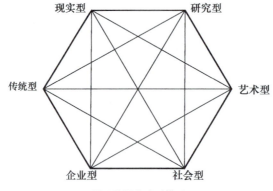

霍兰德职业类型模型

兴趣并不是一成不变的，它会随着一个人的成长以及环境的变动而有所改变。不过，当一个人越成熟、性格越稳定，兴趣也就越不易改变。一个人从小到大，兴趣可能改变了很多次，也可能没有多少改变。但重要的是分析自己的兴趣所在，让自己的兴趣慢慢成形，同时，也需要在职业生涯规划中考虑自己的兴趣因素。

四、职业兴趣与职业相匹配应注意的问题

每个求职者都希望自己的职业能够与自己的兴趣相匹配，也就是从事一个自己喜爱的职业，但是为了更好地发现和培养职业兴趣，还应该注意以下问题。

1. 稳定性

一个人如果希望在自己感兴趣的职业领域中能有所成就和作为，首先就应该对自己的职业兴趣保有稳定而持久的热情，不断深入研习本领域的知识，开拓进取。任何一个见异思迁或者得陇望蜀的人都很难在职业领域里有所建树，所以求职者在择业过程中首先要注意的就是发掘自己稳定的职业兴趣。

2. 实际性

培养职业兴趣的实际性主要体现在两个方面。首先，应该考虑自身的条件，培养切实可行的职业兴趣。比如，一个有语言障碍的人即使对主持人这个职业再有兴趣，也是不切实际的，这种情况就不如转换自己的兴趣，选择一个更切实可行的职业兴趣加以培养。其次，职业兴趣的培养除了考虑自己的主观愿望外，还应该考虑客观环境，看看周围的社会需求。在社会需求不能满足自己的愿望时应该及时转变观念，培养新的职业兴趣，待时机成熟再进一步发展原来的兴趣。职业能够和兴趣相吻合自然是最理想的事情，但如果一味地去追求兴趣所在，不考虑自身的条件和社会的需求，就容易使自己两者皆空。

3. 广泛性

一个具有广泛兴趣的人，可能不仅仅对自己职业领域的知识和内容感兴趣，而且对其他的领域也充满兴趣，并能触类旁通，这样的人必定眼界开阔、思路多样，因此在职业选择上也会有较大的余地。反之，兴趣单一的人往往在职业选择遇挫的时候容易陷入困境。历史也多次证明，许多有所成就的名人大多是兴趣广泛的人，如著名的英国生物学家达尔文就是这样一个兴趣广泛的人，所以求职者应该注意培养自己更加广泛的兴趣，这样视野才会比较开阔，遇到问题时就可以从多方面进行思考，在职业的选择和变动上就会有较大的自由。

4. 核心性

求职者具有广博的兴趣对职业选择的利处毋庸置疑，但是还要有一个核心的兴趣点，既广且精才能学有所长，广而不专则会流于肤浅。如果只有广泛的兴趣但缺少一个核心点，求职者就很难在自己的职业上投入全部的精力和热情，也就不被用人单位看好，所以在培养自己的职业兴趣时还应该注意寻找一个核心兴趣着重加以培养。

总之，一个聪明的求职者首先要学会发掘自己的兴趣，然后还要不局限于狭隘的个人兴趣，并在实践中不断培养和强化自己的职业兴趣，争取做到干一行爱一行，爱一行钻一行。

我的兴趣

一个人的兴趣是在生活实践中逐渐形成、变化发展、趋于定型的。你从小学、初中到职业学校阶段，在学习、工作、休闲、家庭、社交、自我成长方面，有没有特别喜欢参加的活动？有没有特别自豪的成就？有没有印象特别深刻与开心的事情？请将它们一一写出来，然后根据表格分析你的兴趣可能是什么。

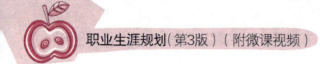

	小学阶段	初中阶段	职业学校阶段	你的兴趣是
学习方面	喜欢数学			喜欢推理
工作方面				
休闲方面				
家庭方面				
社交方面				
自我成长				

以前很少对自己的兴趣做过详细的分析，只是喜欢做什么就做什么，喜欢玩什么就玩什么，很少思考过这些小爱好、小兴趣会对自己今后的职业有什么关系和影响，学习了这一课内容，使我真正地意识到：

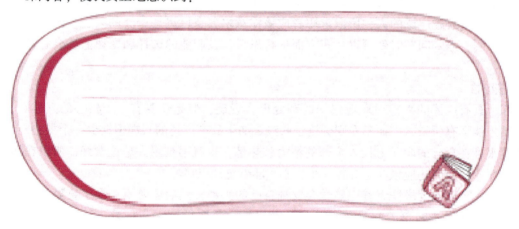

能力评估与自我定位

一个有理想的人，只要不辞辛苦，默默地在自己脚下多垫些"砖头"，就一定能够看到自己渴望的风景，摘到挂在高处的那些诱人的果实。

——富兰克林

（1）我具备哪些基本能力？
（2）我具备哪些职业能力？所具备的职业能力现在达到什么程度？
（3）怎样评估自己各方面的能力？
（4）怎样准确地自我定位？

一、能力及能力评估

不同的个性特征对人的职业生涯有着不同的影响。一般来说，兴趣和能力是影响职业选择的最重要的两个因素。对某项职业具有浓厚的兴趣是一个人事业成功的前提，但是事业要想取得成功还需要具备从事此项职业所需要的能力。因此，在培养职业兴趣的同时还需要客观地评价自己作为求职者的能力，看自己是否适合这项职业。

（一）能力

能力是指能迅速和准确地完成某种活动所必须具备的个性心理特征，它是影响活动效果的基本要素。如果一个人的能力符合某项工作的要求，那么就会很容易地、高水平地完成任务，也就表现出有能力；反之，如果一个人不具备某项工作所要求的能力，不能很好地完成工作要求，就是这方面能力差的表现。

能力有一般能力和特殊能力之分。

一般能力是指完成任何一项活动都必须具备的基本能力，除了包括人的各项与生俱来的身体能力，如听、说、运动等能力，主要还包括心理学上的观察力、注意力、想象力和思维能力等，即人认识客观世界、理解客观世界并且运用已有知识和经验解决问题的能力。这些能力也被统称为智力能力。一般能力是构成人的能力的主体，是基础能力，也是人们日常生活、学习和工作都必须具备的能力。人的一生，包括各个教育阶段都是在不断培养自己的这种基础能力。

特殊能力是指一些人在某些方面所具有的超越常人的能力，这种非同寻常的能力往往可以在职业实践活动中得到充分体现。例如，品酒员对特殊的味道和气味的感知能力，飞行员超人的平衡能力，画家所具有的色彩识辨能力和形象记忆力等。

中职学生就业需具备的基本能力包括以下几点。

1. 表达能力

表达能力包括口头表达能力、文字表达能力、图文表达能力等几种形式。

2. 动手能力

一个人的实际操作能力水平的高低主要体现在操作的速度、准确和灵活3个方面。

3. 适应能力

适应社会和改造社会是对立统一的两个方面。对社会、对环境的适应是主动积极的适应，不是消极的等待和对困难的屈服，更不是对落后、消极现象的认同。

4. 交际能力

交际能力就是人际交往能力，与他人相处的能力。

5. 管理能力

每个人在将来的工作中都不同程度地需要组织管理才能，现代社会表明，组织管理能力不仅领导干部、管理人员应当具备，其他人员也应该具备。

6. 创造能力

创造能力是在多种能力发展的基础上，利用已知信息，创造新颖的、具有社会价值的新理论、新思维、新产品的能力。它是一种综合性的、高层次的思维能力和行动能力。

7. 决策能力

决策能力就是对未来行为目标的决断和选择的能力。良好的决策能力可以实现对目标及其实现手段的最佳选择。

（二）职业能力

职业能力是指人们为从事某种职业而必须具备的，并在这项职业活动中表现出来的多种能力的综合。任何一个职业或工作岗位都会有相应的职责要求，职业能力是胜任职业岗位的必要条件。

1. 职业能力的组成

（1）智力能力是职业能力的核心部分。一般的职业能力主要是指从业者的学习能力、文字与语言的运用能力、数学运算能力、空间判断能力、形体知觉能力、颜色分辨能力等智力因素以及手的灵巧度和手眼协调能力等身体方面的能力。可以说，智力在一定程度上决定了求职者可能选择的职业类型。因为任何职业都对从业者的智力有一定的要求，只不过不同的职业对智力的要求不甚相同而已，对一般的职业而言，智力的制约作用可能不是很明显，但诸如科技工作者、高层管理人员等职业，对智力方面的要求就会相对较高。

（2）专业能力是职业能力的重要组成部分。专业能力指要从事某一职业所应该具备的专业知识和技能。这种专业知识和技能是要通过专门的教育和培训获得的，中等职业教育就是习得专业能力的有效途径之一。某中职学校做的毕业生跟踪调查表明，一个接受过完整专业知识学习和技能训练的机械专业中职毕业生，走上工作岗位后，90%以上能够很快就适应岗位需求，并在一段时间后成为业务骨干。

（3）社会能力是职业能力不可缺少的组成部分。社会能力主要指与人打交道的人际交往能力、与他人合作的团队协作能力、对生活与环境的适应能力以及面对失败和挫折的心理承受能力等性格和心理方面的能力素质。

随着时代的发展，现代社会的各行各业已经成为一个紧密联系的整体，任何职业和个人都不可能脱离他人而存在，因此能够待人公正宽容，愿意与人合作共同承担任务、共同完成计划，善于联络、协调，这些能力成为一个合格的求职者必须具备的能力，也是个人能够胜任岗位职责和开拓进取、取得优异成绩的重要条件。

职业能力的层次

职业能力有3个层次，即特定能力、通用能力、核心能力。

特定能力，指表现在每一个具体的职业、工种和岗位上的能力。它们的数量很大，内容很多，但适用范围很有限，主要体现在《中华人民共和国职业分类大典》划分的1481个职业中。事实上，长期以来，职业院校的教育教学工作，主要集中在对学生的特定能力的培养上。毫无疑问，特定能力是形成职业工作能力的重要内容和方面。特定能力也是划分职业类别的标准之一。

通用能力，指表现在某一个行业或者相近工作领域内职业、工种和岗位中通用的能力。它们的数量少于特定能力，但适用范围却比特定能力宽得多，更具有广泛的适用性。职业教育越来越注重通用能力的培养和教育，以适应社会的需要。对于学生及其他新生劳动力来说，掌握通用能力是扩大就业面和强化职业转换能力必备的条件之一。

核心能力，指一切职业需要的、从事任何工作都应具备的、具有普遍适用性的能力。相对于特定能力和通用能力而言，核心能力往往是人们职业生涯中最重要的、最基本的能力，具有更普遍的适用性和更广泛的迁移性，对人们职业生涯的影响更大，意义更深远。培养个人的核心能力，既要看自己的潜质优势，也要看自己职业目标的职场工作环境，将二者有机结合起来。

2. 职业能力与职业类型的匹配

任何一个岗位都有相应的岗位职责要求，职业能力就是胜任职位岗位工作的必要条件。因此，对于任何一位求职者来说，要想适应某个职位，就必须具备相应的职业能力。

《加拿大职业分类词典》中列述了多种职业能力，以下是其中几种。

（1）语言表达能力。语言表达能力是指对语言中的词汇及其含义的理解和使用的能力，对词、句子、段落、篇章的理解能力，以及运用语言清楚而准确地表达自己的观点和向别人介绍信息的能力，也就是语言和文字的理解能力以及口头表达的能力。不同的职业对语言的能力要求是不尽相同的，教师、律师、推销员等职业，需要具备较强的语言表达能力。

（2）数学能力。数学能力是指迅速而准确的运算能力。大部分职业都要求从业者有一定的数学能力，同样，不同的职业对数学能力的要求也不尽相同，像会计、出纳等工作对数学能力的要求较高，但服务行业的一些岗位等对数学能力的要求就较低。

（3）空间判断能力。空间判断能力是指可以看懂多维图形，可以识别物体在空间运动中的关系的能力。与图纸、设计等打交道多的工程师、建筑师或者画家等职业需要具备较强的空间判断能力。

（4）形态知觉能力。形态知觉能力是指对物体或图像的细节的知觉能力。化学家、生物学家、医生等职业需要较强的形态知觉能力。

（5）事务能力。事务能力是指对文字或表格等材料的细微辨查能力，如发现错别字、校对的能力等。设计、出纳、打字等工作都要求具备一定的事务能力。

（6）动作协调能力。动作协调能力是指可以根据视觉刺激，迅速而准确地做出协调的动作和运动反应的能力。运动员、舞蹈演员、驾驶员、飞行员等职业对这种能力要求很高。

（7）手指灵活能力。手指灵活能力是指手指可以灵巧而迅速地活动，以及准确迅速地操作小物体的能力，包括手指的灵活性和灵巧性。服装设计和制作、打字、乐器演奏等职业，手指要较一般人更灵活。

个人的能力类型与职业类型相匹配是求职者和用人单位都不应忽视的问题。一般每种职业能力都有能与之相适应的职业类型，而且随着时代的发展、许多新的职业产生，使得在传统社会中被忽视或不被看好的一些能力也有了可以使之一显身手的职业岗位。

案例启迪

王林学的是商品设计专业，他的作品富于变化，表明他是一个很有创意和想象力的人。他从职业学校毕业后，因为专业能力比较强，被一家广告公司聘用。上班后，他在设计作品的工作上没有遇到任何问题，在长时间地与客户洽谈作品设计的过程中，口语表达能力得到很大的提高，并且经常与同事讨论作品的设计方案，在这一过程中发现良好的沟通能激发出新的点子，所以他特别热衷于与人沟通交流。现在，王林已经是这家公司人人称赞的专业能力强、表达能力强、沟通能力强的优秀设计师。

不同职业对人的能力类型的要求是不同的。例如，一名研究人员需要较强的观察、逻辑、语言能力；一名机械操作人员需要较强的视听和动作能力；一名社会工作者要有较强的人际交流和语言表达能力；等等。所以一个人在做职业生涯规划时要考虑到自己的能力倾向。一般说来，越是与自己的能力倾向相匹配的工作，越容易做得好，越容易保持兴趣，也越容易有满足感。但是，在就业形势紧张的情况下，不是每个人都能找到与自己的能力倾向相匹配的工作。但这也没关系，因为一个人的能力主要是在学习和实践活动中形成和提高的，一方面表现为量的增长，即能力由弱转强；另一方面表现为质的变化，即在新的职业生涯活动中形成新的能力。

（三）能力评估

每个人都具有一定的职业能力，但是人的职业能力存在个体差异，这表现在质和量两个方面。

从质上来说，首先每个人都有自己的特殊能力，比如有的人擅长形象思维，有的人则更擅长抽象思维；有的人擅长分析，有的人擅长综合；有的人擅长动脑，有的人擅长动手；等等。其次，即使是同一种能力，个体之间也会表现出不同的差异。

从量上来说，职业能力的个体差异主要反映在能力的发展水平和发展速度上。所谓有的人少年得志，有的人大器晚成。

人的能力差别会体现在人们的工作效率和成绩水平上，也体现在人们职业适应速度以及职业技能转换的快慢上。人的能力总有高低大小之分，但职业选择得成功与否，并不完全在于人的能力，关键应该在于能否对自己的能力做出正确而合理的评估。

有时由于求职者对自己的职业能力不清楚，盲目选择，结果是就业时间不长，就不得不离开辛苦找到的工作，重新进行求职，这往往是因为其职业能力与岗位的要求不匹配，而导致无法胜任职位，所以要想达到较为稳定的就业，职业能力与职业岗位的匹配是十分重要的。

能力评估的方法有很多，可以根据自己的学历背景、知识结构、专业水平等情况自己进行评估，也可以与现成的职业能力表进行对照，必要时还可以请专业的职业指导人员或心理咨询师协助做出更为科学的判断。但不管怎样，求职者在选择职业时，首先应该分析和确定自己的特长和职业能力，从而确定自己胜任某项职业的可能性。

人的职业能力并不是一成不变的，可以通过多种途径进一步培养和提高。最有效的方法就是不断接受教育和培训，能够使人掌握一定的基础知识和职业技能。一些有针对性的岗前培训对于提高职业能力的作用更是明显而迅速。此外，在职业实践过程中，职业能力也同样可以得到提高。

二、自我定位

面对严峻的就业形势和自己的职业发展方向，中职毕业生有必要按照职业生涯规划理论加强对自身的认识与了解，找出自己感兴趣的领域，确定自己能干的工作即优势所在，明确切入社会的起点及提供辅助支持、后续支援的方式，其中最重要的是明确自我人生目标，即给自我进行人生定位，就是

自我定位的影响因素和方法

明确"我能干什么""社会可以提供给我什么机会""我选择干什么""我怎么干"等问题，使理想可操作化，为求职提供明确的方向。

（一）自我定位的必要性

自我定位是指一个人对自己有着较为明确的了解和评估，既能客观地、实事求是地认识到自己的有利条件、能力和才干以及经过努力所能达到的目标，又能承认和看到自己的不利条件、短处和制约因素以及经过努力后也不能达到的目标，并在此基础上，合理、科学地安排自己的计划、行动和目标。

在智慧女神雅典娜的神庙上刻着唯一的一句话——"认识你自己。"合理而正确的自我定位所带来的结果是个人能够根据自己的实际能力和才干，根据对客观条件和环境的冷静分析来确定自己的目标并能逐步去实现它。而这其中最重要的一点就是，每个学生在实现自我选择的目标时，都应本着开拓自我、充分发挥主观能动性这一原则，而不是消极等待目标的自动实现。

学会自我定位，在实际工作中就可以正确地分析和评价自己，并根据自己的具体情况和具体条件确立奋斗目标。学会自我定位，会防止因对自己做出过高或过低的不恰当评价而导致的自傲、抑郁以及失意、有挫折感等不良的个性变化，帮助自己正确认识到理想自我和现实自我之间的关系，使前进的每一步都更扎实和稳妥。

（二）干扰毕业生准确自我定位的因素

1. 自身职业定位模糊

由于毕业生缺乏职业知识，又是初次择业，大多数中职毕业生都抱着"边走边瞧，边走边挑，走一步算一步"的想法，没有一个明确的职业认识，也没有完整的职业生涯规划。

2. 价值观、人生观的影响

个别中职毕业生缺乏远大的理想，以追求名利为人生目的，在择业时就表现为不想到基层艰苦的环境中去、不愿做小事等现象，造成定位过高，缺乏客观性；另一部分毕业生则妄自菲薄，认为当前就业形势严峻，而自己学历低，缺乏竞争优势，从而对就业失去信心。这都是不能客观评价自己的体现，最终导致不能找到一个适合自己的就业岗位。

3. 社会因素的干扰

一些中职毕业生往往受亲朋好友的影响较大，自己明明已看好某个职位，虽然该职业的职业声望不一定最好，但较符合自己的兴趣特长，能充分挖掘自身潜力，可周围的亲朋好友一有反对声，自己就开始动摇，随波逐流，追求职业声望较好的职业。此外，现实生活中存在的社会职位竞争的不公平、操作不规范的现象，也常常使中职毕业生感到很迷茫，找不准位置，看不清方向。

4. 心理素质不过硬

即将踏入社会的中职毕业生，应该做好逐步发展的心理准备，从基层做起，更有利于为将来积累丰富的实践经验。要着眼于提高自身素质，志存高远而不是好高骛远，只有在实际工作中不断锻炼自己，对自己的职业目标做出符合实际的选择与调整，才更符合个人职业发展的规律。

面对择业和职业发展中遇到的种种问题，一些毕业生能从容面对，积极采取对策解决，而有些毕业生则妄自菲薄，对就业和职业发展缺乏信心，表现出许多不适的行为。这些表现都与中职生的心理素质有关。

远古时期，一对父子出征沙场。父亲是将军，儿子只是一名马前卒。一场战斗开始了，号角吹响，战鼓雷鸣，父亲庄严地托起一个箭囊，其中插着一支箭。父亲郑重地对儿子说："这是家传宝箭，带在身边，力量无穷，但千万不可抽出来。"

精美的箭囊，由厚牛皮打制，镶着泛光的铜边，露出的箭尾看起来是用上等的孔雀羽毛制作的。儿子喜上眉梢，想象着箭杆、箭头的模样，耳旁仿佛有嗖嗖的箭声掠过，凭借着手中普通的兵器勇猛杀敌，敌方的主帅应声倒下……

佩戴宝箭的儿子英勇非凡，所向披靡。鸣金收兵号角吹响的时候，儿子再也禁不住得胜的喜悦，背弃了父亲的叮嘱，强烈的欲望驱使着他，想看一看这神奇宝箭的模样，于是拔出宝箭……骤然间他惊呆了。原来，这是一只断箭，箭囊里装着的是一只折断的箭！儿子不禁吓出了一身冷汗，顷刻间他的心理防线仿佛失去支柱的房子，轰然坍塌了……结果不言而明，儿子在之后的战争中惨死于乱军之中。

拂开战场的硝烟，父亲捡起那只断箭，沉重地感叹："不相信自己，不相信自己的能力，没有坚强的意志，永远也做不成将军。"把胜败寄托在一只宝箭上，多么愚蠢可笑啊！

到底谁是那支"宝箭"？是你自己。若要它坚韧，若要它锋利，若要它百发百中，若要它所向披靡，能支配并令其起主导作用的只能是你自己。凭借坚强的意志，通过不懈的努力，怀有必胜的信心，那么你最终必定会获得最后的胜利。在个人职业生涯中，良好的心理素质必定发挥重要作用，从整体上把握自己的心理特点，客观评价、审视自己，有的放矢地调节自己，一定会使你的心理行为更加完善。

（三）准确自我定位的方法

1. 准确把握自身优势

首先是明确自己的能力大小，看看自己的优势和劣势各是什么，这就需要进行自我分析。通过对自己的分析，深入了解自身，根据过去的经验选择、推断未来可能的工作方向与机会，从而彻底解决"我能干什么"的问题。只有从自身实际出发、顺应社会潮流，有的放矢，才能获得成功。个体是不同的、有差异的，要找出自己与众不同的地方并充分发挥出来。定位，就是给自己亮出一个独特的招牌，让自己的才华更好地为招聘单位所识；对自己的认识分析一定要全面、客观、深刻，绝不回避缺点和短处。

中职毕业生大部分比较踏实肯干，实践能力较强，比较珍惜来之不易的就业机会，稳定性相对较好，因此在求职过程中应充分发挥自身优势，认清自己的长处和弱点，扬长避短。

在美国，有一个关于成功的寓言故事。

为了像人类一样聪明，森林里的动物们开办了一所学校。学生中有小鸡、小鸭、小鸟、小兔、小山羊、小松鼠等，学校为它们开设了唱歌、跳舞、跑步、爬山和游泳5门课程。

第一天上跑步课，小兔兴奋地在体育场地跑了一个来回，并自豪地说："我能做好我天生就喜欢做的事！"而看看其他小动物，有噘着嘴的，有沉着脸的。放学后，小兔回到家对妈妈说："这个学校真棒！我太喜欢了。"第二天一大早，小兔蹦蹦跳跳地来到学校，上课时老师宣布：今天上游泳课。只见小鸭兴奋地一下跳进了水里，而天生怕水、不会游泳的小兔傻了眼，其他小动物更没了招。接下来，第三天是唱歌课，第四天是爬山课……学校里每一天的课程，小动物们总有喜欢的和不喜欢的。

这个寓言故事诠释了一个通俗的哲理，那就是：不能让猪去唱歌、兔子学游泳。要成功，小兔子就应跑步，小鸭子就该游泳，小松鼠就得爬树。成功心理学的理论告诉我们，判断一个人是否成功，最主要看他是否最大限度地发挥了自己的优势。而最大限度地发挥自身优势，便是一个人职业生涯设计成功的重要依据。

2. 努力发现自身不足

（1）性格的弱点。人无法避免与生俱来的弱点，必须正视，并尽量减少其对自己的影响。譬如，一个独立性强的人可能不善于与他人默契合作。而一个优柔寡断的人绝对难以担当组织管理者的重任。卡耐基曾说："人性的弱点并不可怕，关键要有正确的认识，认真对待，尽量寻找弥补、克服的方法，使自我趋于完善。"

（2）经验与经历中所欠缺的方面。"金无足赤，人无完人。"由于自我经历的不同、环境的局限，每个人都无法避免一些经验上的欠缺，特别是面对招聘单位纷纷打出数年工作经验条件的时候。有欠缺并不可怕，怕的是自己还没有认识到或一味地不懂装懂。正确的态度是：认真对待，善于发现，并努力克服不足。

3. 客观分析职业

（1）利于个人长期发展是关键。任何工作都需要适合的劳动力和人才，在市场经济中，求职者要选择职业，用人单位也要选择求职者，是双向选择。这就要求求职者从自己的实际出发，客观地分析、评估自己的文化素质、业务技能、性别特点、身体条件以及各类职业固有的标准、条件、要求，实事求是地选择自己力所能及的合适职业，并且所选职业要有利于自己潜能的发挥和事业的发展，不要盲目地去追求热门职业，以致影响自己才能的发挥。

（2）要以发展的眼光看待所学专业，不要轻易放弃专业。有的专业，现在看起来不受重视，但随着时间的推移，社会、经济需求的变化，很可能转变为很有发展前景的职业。像前些年许多学生都愿意到企业做脑力劳动，从事管理工作，而轻视技工、技师等职业，造成现如今技工、技师等职业人才的供不应求，薪资待遇提高，这类职业现今俨然已成为热门职业，因此中职毕业生一定要用发展的眼光来看待自身所学专业，不要轻易放弃。

4. 明确选择方向

通过以上自我分析和认识，毕业生要明确自己的职业方向，即解决"我要干什么"的问题，这是个人职业生涯规划的核心。职业方向直接决定着一个人的职业发展，职业方向的选择应按照职业生涯规划的基本原则，结合自身实际来确定。

职业目标的确定，是个人理想的具体化和可操作化，是指可预想到的、有一定实现可能的最长远目标。职业目标的选择并无定式可言，关键是要依据自身实际，适合于自身发展，适应社会需求。

寻找我的智能优势

下面让我们来做一个测验，看看自己的能力倾向在哪里。

仔细阅读问卷中的每一句话，按自己的实际情况写从 1 到 5 的数字，标准如下。

- 1：根本不像我
- 2：很少像我
- 3：有点像我
- 4：比较像我
- 5：非常像我

最后相加得出一个总得分。

☞ 第一部分

A	我对内心的情感、优缺点有着强烈的自我意识	
B	我有强烈的独立性、意志力和自我管理能力	
C	我愿意把我个人的时间投入集体活动中	
D	我喜欢独处，满足自己个人的爱好、兴趣或计划	
E	我有强烈的自信心	
	总得分	

☞ 第二部分

A	我喜欢与别人交往而不愿独处	
B	我有很多的朋友	

C	在各种环境中我喜欢社会性强的工作	
D	通过合作活动我会学得较好	
E	我擅长和别人沟通，能组织甚至有时能管理别人	
	总得分	

☞ **第三部分**

A	通过运动、触摸和扮演我会学得很好	
B	我大部分知识是通过感觉来掌握的	
C	我具有很强的掌握精细和一般动作技能的能力	
D	我喜欢把器具拆开来分析，然后再把它们组装在一起	
E	我能很好地模仿他人的行为	
	总得分	

☞ **第四部分**

A	我喜欢阅读、写作和听报告	
B	我喜欢讲笑话，说童话故事	
C	我很容易记住名字、地点、日期和其他琐事	
D	我会准确地拼写，具有丰富的词汇量	
E	我喜欢做字谜游戏	
	总得分	

☞ **第五部分**

A	我喜欢进行分类，探索信息之间的关系	
B	我会很容易地、快速地计算出数学问题	
C	我会给数据进行分组、排序、分析、解释和预测	
D	我喜欢象棋等策略性的游戏，而且喜欢获胜	
E	我喜欢提出有关事物是如何发挥作用等方面的问题	
	总得分	

☞ **第六部分**

A	我会用想象和图画思考	
B	我喜欢画画、雕刻和从事其他艺术活动	
C	当我在思考有关概念和解释信息时，我会用清晰的视觉想象进行思考	
D	我能准确地说出人或事的寓意	
E	当在学习新的信息时，我常常会做白日梦	
	总得分	

☞ **第七部分**

A	在环境中我对声音很敏感	
B	在自习或放松时我常常要播放音乐	
C	我会很容易记住歌曲的旋律	
D	音乐或音符一响起的时候，尽管比较微弱，我常常就可感知到	
E	我喜欢唱歌、哼唱和拍节奏	
	总得分	

把你每一部分得分对应的空格做出标记，画出曲线图，就可以大致看出你的智能优势了。

汇总表

分数	第一部分	第二部分	第三部分	第四部分	第五部分	第六部分	第七部分
5							
4							
3							
2							
1							
	自知自省智能	人际交往智能	身体运动智能	言语语言智能	逻辑数理智能	视觉空间智能	音乐节奏智能

反观自我

可以肯定地说，在所有领域里能力都很强的人只是少数，我们中的绝大部分人在能力倾向上都是有所侧重的。通过这一课的学习，我进一步地认识到自己各方面的能力高低程度，有长处也有不足，经过分析，我的能力倾向和自我定位分别是：

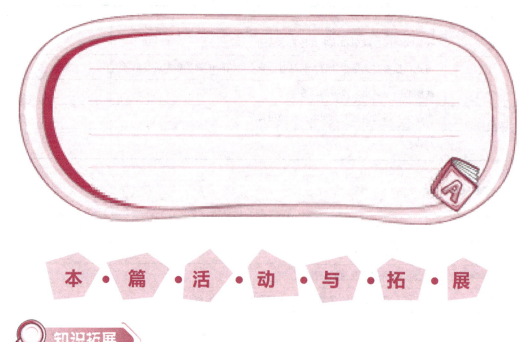

本 · 篇 · 活 · 动 · 与 · 拓 · 展

认识自我的方法

我们知道了在职业生涯规划中认识自我是多么重要。那么，用什么方法来认识自我呢？可以借助一些心理测验，如性格测验、兴趣测验、能力测验等，它们虽然不是那么准确，但是可以作为参考。这里再提供一个4A的方法，它们的英文名称都是以A为开头的。

一是 Aware（发现）：利用各种机会，多方探索自己的兴趣、价值观、能力以及局限之处。

二是 Acceptance（接受）：认同和接纳目前自己在各方面的条件及表现。

三是 Action（行动）：采取行动，以实现目标。

四是 Achievement（成就）：行动后所取得的成功或不成功、满意或不满意的感受。

一个人的自我探索不是一次性完成的，而是在不断进行的。因为一个人的生命在不断地前行，他的自我概念也就会不断地进行调整。而且，探索自我是需要通过行动来实现的，行动的要素之一，就是要能发现与接受我们目前拥有的现状与条件，并且要真正地去验证，而不是仅仅依靠凭空想象。此外，行动后的成功和满意让我们获得了成就感，但是，不成功和不满意也可以使我们了解这个方向是不是适合自己的。所以通过不断对自己发现、接受、行动、验证、反省，通过对4A方法的循环运用，我们就更能掌握探索自我与职业生涯规划的关系了。

反观自己的优势和不足

请同学们自行设计一张自我分析表，将兴趣爱好、知识能力、个性禀赋、身体状况、家庭背景、人际关系等因素都考虑进去，列出自己的优势和不足。

自我分析项目	优势	不足	改进措施
兴趣爱好			
知识能力			
个性禀赋			
身体状况			
家庭背景			
人际关系			
特长			
气质			
情绪			

填完表格以后，和同学进行相互评价分析，看看自己的评价和同学的评价是否一致，反观自我，清醒地认识自我。今天的我和自己职业理想的差距是：

　　大千世界，工作多种多样，职业五花八门。工作不仅为我们提供生存发展的基本条件，而且使每个人的生活变得五彩斑斓。职业不仅赋予了我们社会角色，使我们履行了社会责任，也让我们实现了个人的抱负和价值。现在，我们学习的每个专业，都对应着我们未来所要做的工作和所从事的职业。

　　一位哲人说过："在人生旅途中，职业是幸福生活的源泉。"父母为工作倾注辛勤的劳动，创造了家庭和事业并重的幸福生活；我们时时憧憬明天，向往走出学校大门后，有份工作，有个职业，过上幸福的生活……这一切，只有敲开职业的大门，才有可能实现。那么，让我们一起来探索、认识工作和职业，愿每个人都能找到一份既能满足社会和个人需求，又能展现个人的优势和能力的工作，最终实现自己的职业理想。

认识篇

——认识工作与职业

工作的意义和功能

如果你只为薪水而工作，你的生活将会因此而陷入平庸之中，你也很难找到人生真正的成就感。工作的目的之一虽然是获得报酬，但工作能给你带来的远比工资要多得多。

（1）为什么要工作？
（2）工作的意义何在？
（3）工作具有哪些功能？

工作的意义和功能

一、工作的意义

如果有人问你："为什么要工作？"你的第一反应大概会是："挣钱呀！为了生存啊。"这个回答没有错，不过这仅仅是我们要工作的最低层次的意义。如果你仅仅把工作当作赚钱的工具，将会造成对你宝贵生命的浪费。工作不仅仅给我们带来了生活所必需的物质保障，它还全面影响了我们的生活形态，也就是我们的职业生涯。

具体来说，生活形态的主要内容有工作的内容和方式（人或物）、工作的时间（规律或不规律）、居住的地点（城市还是农村）、接触的对象（人或事）、家庭生活（和家人相处的时间长短）、休闲生活（方式、时间）。做不同的工作意味着过不同形态的生活。

一位中学教师，他的工作内容和方式包括备课、上课、班级管理、批改作业和考卷、辅导学生、家访等；工作时间很有规律；接触对象主要是学生、家长、同事等；与家人相处的时间比较多；休闲时间固定；除了周六、周日和国家法定节假日外，还有寒暑假。而一位商店营业员，他的工作内容和方式包括准备销售方案，熟悉各类产品的样式、特点、价格等，介绍产品，解答顾客问题等；工作时间不太有规律；接触对象范围较广；与

家人相处的时间相对较少；休闲时间不固定，节假日正是工作最忙的时候。

由此可见，从事中学教师和商店营业员两种工作的人的生活形态是完全不同的。

美国著名生涯指导专家萨帕（Super）曾经给"工作"下了一个经典的定义："工作是一个人对他自己或他人认为有价值的目标，有系统地去追求的过程。这个过程是目标导向性的、连续性的，需要花费精力。工作可能有报酬（有收入的工作），也可能没有报酬（如志愿工作）。个人从事工作所追求的目标可能是工作本身所带来的内在愉快体验，也可能是工作角色带来的生活方式、经济效益或休闲形态。"从这个定义中，我们可以总结出工作具有以下几点要素。

目标性——工作是有目标的，它或者是个人认为有价值的，或者是他人所重视和期待的。

连续性——工作需要持续一段时间，不是突然和短暂的。

投入性——工作需要投入时间和精力去追求。

成果性——工作将产生成果，不是徒劳无功的。

社会性——工作是和社会形态、社会变迁有密切联系的。

道德性——工作是符合社会伦理的，不能够损害他人的利益。

生活性——工作是和生活形态息息相关的，不是独立于生活之外的。

因此，如果仅仅为了维持生计而去从事一份工作，那么由于对这份工作的目标没有真正的发自内心的认同和体会，就无法长期全身心地投入对目标的追求中，工作的成果会大打折扣，对工作所带来的生活形态感到厌倦，最后甚至会损害到他人的利益。比如，一位中学教师，仅仅是想要获得稳定的收入和较多的假日才来当老师，而并不感到自己从事的是一项很有意义的事业，那么他对自己的工作就容易敷衍了事，把上课仅仅当成是一种任务，只管自己教课，不管学生懂不懂，如果学生有问题提出，还会很不耐烦。长此以往，会觉得自己做的都是不得不完成的任务，自己感觉不到工作的满足和快乐，其学生的发展也受到了影响。

所以说，对待工作的态度决定了生命的两种层次：一种层次是追求生存，工作的目标是赚钱吃饭，把工作当作是维持生存的工具；另一种是追求生命，工作的目标是开创职业生涯，把工作当成一种事业去经营，全身心地投入。

二、工作的功能

通过以上对工作意义的讨论，我们了解到获得收入只是工作的一项最基本的可能达成的目的。为了经营一种适合自己的良好的生活形态，一个人需要去寻找一项让自己愿意投入一生的事业。找一份适合自己的工作，而且这份工作应当符合自己的兴趣、自己的价值观、并与自己的能力和性格特征相匹配，而且还能够提供机会让自己展现优势和能力，从而获得满足感和成就感。由于工作的需要，一个人会不断地学习和成长，从而"聚沙成塔，滴水成河"，个人的成长以及工作的成果，对于整个社会来说，也是一份重要的贡献。专家告诉我们，一份工作可能达成的目的包括 3 个方面：经济的（如物质需求的满足）、社会的（如社会关系的建立、社会责任的满足）和心理的（如自我肯定的获得）。

案例启迪

小琳是一位商店营业员，她的业务能力很强，对商品的性能、质量等都很熟悉，接待顾客很热情得体，所以她每月总是超额完成营业指标，回头客很多，受到公司上级和同事的肯定，每月拿到的奖金也不少，这使她觉得很有成就感。而且，由于新产品不断出现，她经常需要去参加培训学习，增长自己的知识、技能。在工作中她还学习了营销心理学，所以能恰当地把握顾客心理，为顾客提供人性化的服务，渐渐地她变成了一位专家型的营业员。她的工作虽然很平凡，但是她投入心力了，用心地经营了，照样对社会、公司和顾客做出了贡献。在工作的过程中她不断地成长，工作的成果带给了她愉悦和满足。

对个人来说，工作主要具有以下 4 种功能。

1. 满足经济、安全需求的功能

人通过工作获得经济收入，维持生计，维持经济的独立。这是工作对人的最基本的功能。有了工作收入，人们就可以购买生活所需要的物品和服务，如果工作努力，获得较高的收入，还可以改善物质方面的生活品质。同时，因为有了工作，人们可以获得各项劳动保障和医疗保障，也有钱支付各种保险的费用，将来遇到疾病、意外、工作伤害以及退休时，不至于生活没有着落，因此人们对未来的生活就有了安全感。

2. 满足社会交往需求的功能

人是社会化的动物，社会交往也是人的基本需求之一。工作场所可以说是人的最主要的社会交往场所，通过工作，一个人能够接触到家庭以外的其他人，进而建立自己的社会关系网络。通过这个社会关系网络，能够起到人和人之间相互沟通、传递信息、相互支持、共同成长的作用。

3. 满足自尊的功能

工作给人带来经济上的独立，而经济上的独立使得人格的独立成为可能，因为能够独立生活，不必靠别人养活自己，所以在生活上也能够有自主决定的权利，不必受他人的控制。工作的完成使个人感到自己存在的价值，觉得自己被他人和社会需要，带来自我的价值感。而且，工作的职位可以使人获得社会声望，带来一种被人敬重的认同感。

4. 发挥自我实现的功能

如果工作成为个人全身心为之投入的事业，人们就能够通过工作来施展自己的抱负，获得一种因胜任工作从而对社会做出贡献、使自己的生活目标得以实现而产生的肯定、愉快和富有成就的感觉，这时就达到了自我实现的境界。

因此，工作对于一个人的生涯来说具有非常重要的意义，我们需要全面地认识工作的功能和意义，慎重地选择和经营我们的工作和事业。

反观自我

虽然我们还处在学生时期，但是已经开始接近就业和工作的大门了。对于工作，我们有很多的憧憬和幻想。工作对于我们每个人都是非常重要的，它将伴随我们一生中的大部分岁月。通过这一课的学习，我真正认识到了工作的意义和功能：

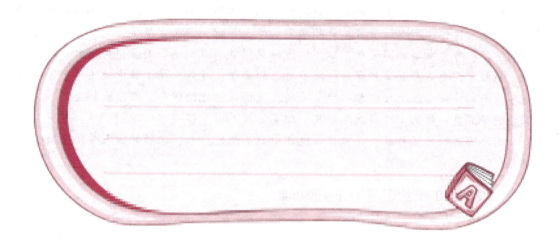

职业的意义和内涵

职业不仅是人们谋生的手段，而且是为社会创造财富、实现自身价值的舞台。

成长话题

（1）什么是职业？

（2）职业有什么意义？

（3）职业的内涵是什么？

（4）个人的职业选择和发展与社会有怎样的联系？

知识探究

一、职业的概念和意义

职业和工作，是两个紧密联系又有所区别的概念。工作是一个人所从事的活动与任务。为了从事这些活动完成任务，需要赋予一个人某种职位，使其扮演某种角色。例如，为了完成设计公司的任务，李林被任命为公司设计师。设计师是李林的"职业"，设计是李林的"工作"。职业就是人们从事各种工作或任务时的职位与角色的统称，具有相对稳定性。一种职业包含着具有相似性的同类别的工作内容，包含着一系列的高低层级的职位。例如，大学教师的职业意味着要对大学生进行教书育人的工作，刚进入高等学校工作岗位时是助教，然后逐渐晋级到讲师、副教授、教授等；工人的职业就是做操作或控制机器设备制造产品的工作，开始是初级工或中级工，以后可能提升到高级工、技师、高级技师等。工作可能有收入报酬，也可能没有收入报酬，而职业一般是有收入的，人们依靠职业来获得经济收入，维持个人生存和家庭生活。例如，一个人踢足球踢得很出色，他可以参加各种比赛，获得追求胜利目标的满足，但只有当他依靠踢足球参加比赛来获取稳定的经济收入时，才可以称他为职业足球运动员。

职业要求从事者具备相应的知识、技能和态度，具有专业性的特点。俗话说："隔行如隔山。"因为不同的职业有自己特定的工作内容、方式、手段，要求从事者具备相应的知识、技能和态度。在当代，随着社会的进步和经济的发展，一个总体的趋势是职业的专业化程度越来越高，对从事者的专业能力要求也随之不断增强，培训和进修也就越来越受重视。

职业与社会的发展有着紧密的联系，具有很强的时代性。古往今来，不断地产生新的职业，也不断地有职业逐渐消亡。例如，从 20 世纪以来，出现了电视播音员、主持人、计算机程序员、激光照排工等新职业，而电话接线员、机械打字机操作员等职业逐渐趋于消失。职业的内容和工作方式也随着时代的发展而不断变化，例如，过去的家政服务职业多限于打扫卫生、买菜做饭等，现在已经发展到高端的家政服务，有的还要帮助雇主进行日程安排甚至提供理财服务。不同的时代人们对职业的看法也有所不同。古代中国有"士农工商"，从事商业被认为是社会声望最低的职业，而现在早已成为很多人向往的职业选择。因此，职业的"热门"和"冷门"也是相对而言的。

个人、社会和经济是职业的三要素。个人通过提供劳动，发挥才能，履行了社会角色，获得经济报酬。3 个要素平衡发展，不偏向任何一方，三者的关系呈正三角形，表明职业适应良好，能够获得职业满足；反之，如果这 3 个要素没有得到平衡发展，就会导致职业适应不良，形成职业稳定性低、职业满足度不高的现象，发生职业变动的可能性就会升高。

因此，一个理想的职业，应该给个人提供发挥才能的机会，应该使个人能够适当地履行某种社会角色，而且可以获得合理的经济报酬。

 案例启迪

> 小薇从中等职业学校毕业后，凭着自己的幼师专业知识和技能，成为一名优秀的幼儿教师，每个月都有固定的收入，个人和家庭生活都有所保障。小薇性格热情活泼，善于和儿童沟通，专业技能也比较突出，从事幼儿教育多年来，因为工作表现好获得了领导和同事以及家长的肯定和好评。每当看见一个个活泼可爱的孩子在自己的教导和爱护下茁壮成长，小薇觉得特别欣慰和有意义，而且实现了自己的人生价值，因此为自己从事的职业而感到骄傲。

所以说，职业不仅是个人获得劳动报酬、谋求生存的手段，而且是履行社会职责、为社会做贡献的岗位，还是发挥个人才能、实现人生价值的舞台。我们在认识职业时，不可偏废其中的任何一面。

二、职业的内涵

职业的内涵主要包括以下 5 层内容：

"职业"具有经济性，即从中取得收入；

"职业"具有技术性，即可发挥才能和专长；

"职业"具有社会性，即承担工作任务，履行公民义务；

"职业"具有促进性，即符合社会需要，为社会提供有用的服务；

"职业"具有连续性，即所从事的劳动相对稳定，不是中断性的。

可见，职业的内涵对个人来说首先是维持生存；其次是发展个性，发挥个人的才能；再次是参与社会劳动，承担社会义务，为他人提供服务。

职业并不只是一个静态的名词，它是一个动态的寻找与形成的过程。

职业的选择：世界上的职业林林总总，只有通过合适的职业选择，才能实现职业三要素的平衡及和谐发展，使从事职业的人发挥才能、服务社会、实现自我。

职业的准备：包括就职前的准备（例如对所需工作技能的学习）、在职的准备（例如对工作技能的强化和提高）。

就业安置：在职前准备、职业选择后，要尽快地安置在适当的职业岗位上。

职业的适应：在就业后，能够尽快适应职业生活和职业环境，并为自己的职业选择负责。

职业满足：一个人不仅能够适应职业，还能够从职业活动中获得生理、心理、生活、社会等各方面的满足，最终实现自己的职业理想。

职业需要一个人用心的投入和持续的经营。首先要深入地理解职业的意义与内涵，通过适当的选择，做好妥善的职前准备，经过就业安置进入职业场所后，再积极进行相关的

在职培训，同时，要逐渐适应职业的生活与环境，在不断的调适后，逐渐获得职业的满足感。

在职业寻找与形成的过程中，职业的选择具有关键性，这也是离我们最近的一个任务。做出职业选择如同面临人生的一个十字路口，决定何去何从不是一件容易的事。

当我们进行职业选择时，经常会受到自己的"生涯信念"的影响。生涯信念是指我们对自己或对自己在职业世界中未来发展的综合性假设。这种存在于我们内心之中的生涯信念会不断地给我们一种心理暗示，影响我们的职业选择。

杨阳从职业学校毕业以后，到一家美术设计公司担任助理的工作。不久，他感到自己不甘心只做一个助理，希望能够成为一名美术设计师。因为他觉得拥有一份愿意全身心投入的事业对他来说很重要，可以通过事业的成功获得比较高的社会地位。他不喜欢每天只是像个机器人一样遵照别人的吩咐做事，因为他觉得在工作上能够独当一面、不受别人约束才好。所以，最后他决定辞职，进修美术设计专业，实现自己的理想。

案例中的杨阳有着这样的生涯信念：把个人的价值建立在工作上；愿意尝试其他冒险度高的工作；崇尚独立、自由，不愿顺从；重视社会地位，愿意以工作作为生涯的重心。在这样的生涯信念的影响下，他宁愿辞掉现职，选择新的职业方向，从进修开始做起。

我们要特别注意"不适应生涯信念"对我们职业选择的不利影响。比如说，王岩喜欢摄影，希望自己从事摄影师的职业，但是她的父母却认为一个女孩去大公司应聘做个文员比较安定。王岩很苦恼，她觉得父母养自己到这么大很不容易，只有依照父母的愿望去做，才不至于让父母失望，所以违心地去选择做了一名文员。这里，王岩给自己的职业选择设定了这样的条件：我的职业选择必须让父母感到满意。这种信念阻碍了王岩做出适当的职业选择，这就是一种"不适应生涯信念"的做法。其实，我们都知道，父母的心意不一定都符合自己的兴趣和能力，而且，在择业方面不完全听从父母的，结果也不一定像王岩所想象的那么严重，如果加强沟通，相信父母是可以理解自己的决定的。

这种"不适应生涯信念"的情况还有很多，除了来自于上述的"家人期待"方面，还有来自于对职业角色特征的片面和僵化的认识，称为"职业角色刻板印象"。例如，在传统观念中，人们一般认为经商的人一定要口才很好、反应特快，做管理的人一定要严肃、不苟言笑等；还有的人认为自己的选择一定要被所有的人认可，如果出错就是给别人添麻烦等。所有这些，都是一些"以偏概全"的想法在自己的脑海中被扩大和极端化的结果。自己给自己设立了不必要的限制和禁锢，使得在面临职业选择时消极颓丧、畏缩不前。在这种时候，我们应该学会问自己为什么："为什么认为非要那样不可？为什么认为不可能？为什么我会有这样的想法？"从而理清思路，破除"不适应生涯信念"对自己职业选择的不利影响。

三、职业的特点

职业的特点

1. 技术性

任何一种职业岗位，都有相应的职责要求和专业技术要求。无论今后从事何种职业，都需要具备相应的知识和技能。有些职业所需要的知识和技术比较容易掌握，有些职业所需的知识和技术不容易掌握。因此，有的职业活动的知识和技术必须在特定的学校、培训机构获得，而有的却可以在家庭、在实践中获得。但是，随着社会的进步与发展，许多职业要求劳动者具备的知识和技术水平会越来越高，这点是毋庸置疑的。如今，部分学生抱有一种错误的观念——上学是为了锻炼能力，专业知识并不重要。由于在学校期间对于专业知识不屑一顾，到找工作时才发现它们远比想象的重要，然而为时已晚。因此，在校期间必须打好扎实的专业基础，甚至尽可能在专业领域做一些必要和深入的研究。

2. 经济性

我们从事职业活动并因此而获得经济收入，而这个收入常常是我们生活的主要来源，并不是可有可无的，也不是断断续续的。这是职业活动区别于其他劳动（如义务劳动、勤工俭学活动等）的一个重要标志。比如，义工不是职业，而社工就是一种职业。因为义工工作不领取工资，没有报酬；社工是有偿劳动，领取报酬。志愿者如果不领工资，同义工一样不是一个职业，如有人选择到西部地区去支教，如果他每月领工资，那么他的职业就是教师。

3. 社会性

因为职业是个人在社会劳动体系中从事的一种活动，所以，我们从事某种职业，也就参与了某种社会劳动，同时也承担起某种社会角色，为社会提供服务，社会也将在每个人辛勤工作的基础上不断发展和进步。职业的社会性主要体现在以下几个方面。

（1）职业要体现社会功能，即一定的职业对社会的作用，它通过责任、权利、义务体现出来。社会功能强的职业，任职条件高，职业层次也高。

（2）职业要体现社会报酬，即任职者的工资收入、福利待遇、晋升机会、发展前景等。这是一个比较综合的指标。如工资收入高，不一定福利待遇高，也不一定晋升机会多、发展前景广阔。因此，不同的人以不同的认识来评判职业。

（3）职业要体现职业声望，有的职业从业者经济收入高，但社会地位并不高。由于职业声望是人们对职业社会地位的主观反映，因此，不可避免地带有个人偏见并受社会环境、舆论氛围等其他因素的影响，使职业声望和社会地位出现了一定的差异。

4. 规范性

每一种职业都有其特定的职业规范，这主要包括人们在职业活动中应遵守的各种操作规则及办事章程。这些职业规范或以法律、法规，或以组织章程和有关公约、守则的方式体现出来，或只是一些约定俗成的非正式的规范。无论职业规范以什么方式体现，也不管不同职业的从业者主要遵从哪一类职业规范，任何职业活动都有行为准则可循，职业活动总要受到一定职业规范的约束。

5. 连续性

职业相对来说必须具有稳定性和螺旋上升性，即明显的连续性。如果一个人的职业生涯出现断层，或者在一个发展良好的职业道路上突然掉转行进方向，这都是职业发展的一种"倒退"。职业的连续性在高级职位的考核中至关重要，不停地跨行业跳槽不一定是好事。除非决定自己创业或想做领导者，让自己成为统揽全局的多面手。

6. 统一性和差异性

同一类别的职业，其劳动条件、工作对象、操作内容等都相近或相同，这就是职业的统一性。由于统一性的存在，才会出现行业规范、行业语言、行业协会等，但也会出现行业垄断。而不同职业类别之间却存在着较大的差异性，正如俗语所说的"隔行如隔山"。古代的"三百六十行"发展到今天已是上万种职业，而且随着科学技术的进步和分工的细化，职业的差异还将继续扩大，这是不争的事实。

从职业的特点来看，职业无论对社会发展还是个人生存都具有十分重要的意义，它既可以维持社会的运转，为社会创造财富，又能使个人维持生存、发展个性和承担义务。

反观自我

我一直以为职业就是一份工作，没想到工作和职业还有这么多的差异，职业有着自己的意义和内涵。学习了这一课，我恍然大悟：

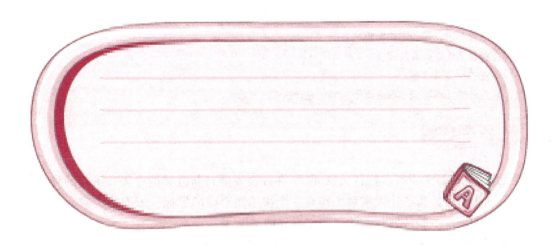

认识工作世界和职业类型

职业是唯一能使个人的特异才能和他的社会服务取得平衡的事情。天下最可悲的事，莫过于一个人不能发现一生的真正事业，或未能发现他已随波逐流，或为环境所迫陷入了不合志趣的职业。

——杜威

（1）将来我可以去做的工作有哪些？
（2）怎样对工作进行有效评估？
（3）职业的种类有哪些？
（4）职业分哪几种类型？职业类型的特征是什么？

俗话说："三百六十行，行行出状元。"在社会发展日新月异的今天，工作的种类早就不止三百六十行了。为了让大家对工作有一个快速而准确的把握，下面给大家介绍一种分析法——美国大学测验计划开发的"工作世界地图"。

这张工作世界地图，通过4个维度将工作分成四大范畴。

与人有关的工作：如顾问、教导、督导、说服、解说等性质的工作。

与资料有关的工作：如对资料进行记录、张贴、保存、查对、收集、整理、组织、分类等性质的工作。

与事物有关的工作：如组合原材料、修补设备、操作与控制仪器等性质的工作。

与概念有关的工作：如分析、综合、计算、比较、调整等性质的工作。

在这四大工作范畴之下，又分为以下12个工作群集：

（1）零售与直销工作；
（2）管理与计划工作；
（3）出纳与簿记工作；

工作世界地图

（4）文书与秘书工作；

（5）办公室设备操作、收发、仓储管理工作；

（6）建筑、维修、驾驶工作，机器操作、修理工作以及照料动植物的工作；

（7）工程学与应用工学方面的工作；

（8）自然科学、数学方面的工作；

（9）应用艺术（视觉方面）方面的工作；

（10）创造艺术、医药及医药工程方面的工作；

（11）应用艺术（语言方面）方面的工作；

（12）社会科学、法律服务、教育与社会服务、公众娱乐事业及护理工作。

工作世界地图形象地表现了这四大范畴、12个工作群集之间的关系。

前面我们已经通过学习认识到，工作对于一个人的生活形态有着很大的影响。因此，我们在对工作进行分析时，不仅要掌握它的分类，还应该从多方面去认识它。国际上比较流行的一种有效评估指标是"PLACE"法，介绍如下。

P：职位或职务（Position），指这个职位的经常性任务所需担负的责任、工作层次等。具体说来，主要包括以下方面。

● 工作的"目标"是什么？如：是为了营利，还是为了服务他人？

● 工作的"内容"是什么？

● 工作的"成就感"来源可能是什么？

● 工作的"压力"可能是什么？

L：工作地点（Location），指地理位置、环境状况、室内或户外、都市或乡村、工作地点的变化、安全性等。

● 工作的"环境"怎样？如：安全性如何？清洁度如何？工作气氛如何？

● "交通与食宿的配合性"如何？如：上班地点、房租、交通工具等条件的配合情况怎样？

A：发展状况（Advancement），包括职位的晋升通道、晋升速度、工作稳定性、工作保障等。

● 工作的"稳定性""变动性"如何？

● 如果要"转业"，其相关的工作是什么？限制条件是什么？

● 工作的"社会形象"如何？

● 公司的"专业形象"和"未来的发展"如何？

● "未来的生涯路径"可以有哪些？工作未来的发展可以是什么？

● 工作的"晋升制度"如何？如：重视资历、业绩、学历还是综合考核？

C：就业待遇（Condition Employment），包括工资、福利、进修机会、工作时间、休假待遇以及特殊雇用规定等。

● 工作的"工资待遇"如何？有怎样的"福利待遇"？如：收入的计算方式、加班费、年终奖、考核奖的构成等。

● 工作的"保险制度""医疗制度"如何？

● 工作的"时间性"如何？如：是固定上班时间、弹性上班时间还是需要轮流倒班？是专职、兼职还是自由安排工作时间？休假的情况如何？

● 影响"休闲生活"的情形是什么？

● 工作的"学习性""成长性"如何？

E：所需条件（Entry Requirement），包括所需的教育程度、证书、培训、经验、能力、性格特征等条件。

● 工作所需的"性格特征"是什么？如：是要热情开放，还是沉稳细心？

● 工作的"资格限制"是怎样的？如：学历、经验、年龄、身高等。

● 工作所需的"能力"是什么？如：语言能力、领导能力等。

同工作的种类浩瀚繁多一样，社会上的职业五花八门，而且在经济、科技迅速发展的今天，职业更迭大大加速，不断出现新的职业，也迅速淘汰一些原有的职业。因此，掌握职业分类的一些知识和方法，将有助于我们把握职业，为以后的职业选择做好准备。

2015年我国正式制定出版的《中华人民共和国职业分类大典》中，把我国的职业归纳为8个大类、75个中类和434个小类，一共1481种职业。8个大类具体如下。

（1）党的机关、国家机关、群众团体和社会组织、企事业单位负责人。

（2）专业技术人员：主要有科学研究人员，工程技术人员，农林技术人员，飞机和船舶技术人员，卫生专业技术人员，经济和金融专业人员，法律、社会和宗教专业人员，教学人员，文学艺术、体育专业人员，新闻出版、文化专业人员，其他专业技术人员。

（3）办事人员和有关人员：主要有办事人员，安全、保卫和消防人员，其他办事人员和有关人员等。

（4）社会生产服务和生活服务人员：主要有批发与零售服务人员，交通运输、仓储和邮政业务人员，住宿和餐饮服务人员，信息传输、软件和信息技术服务人员，金融服务人员，房地产服务人员，租赁和商务服务人员，技术辅助服务人员，水利、环境和公共设施管理服务人员，居民服务人员，电力、燃气及水供应服务人员，修理及制作服务人员，健康服务人员，其他社会生产和生活服务人员。

（5）农、林、牧、渔业生产及辅助人员：主要有农业生产人员，林业生产人员，畜牧业生产人员，渔业生产人员，农、林、牧、渔业生产辅助人员，其他农、林、牧、渔业生产及辅助人员。

（6）生产制造及有关人员：主要有农副产品加工人员，食品、饮料生产加工人员，烟草及其制品加工人员，纺织、针织、印染人员，纺织品、服装和皮革、毛皮制品加工制作人员，木材加工、家具与木制品制作人员，纸及纸制品生产加工人员，印刷和记录媒介复制人员，文教、工美、体育和娱乐用品制作人员，石油加工和炼焦、煤化工生产人员，化学原料和化学制品制造人员，医药制造人员，化学纤维制造人员，橡胶和塑料制品制造人员，非金属矿物制品制造人员，采矿人员，金属冶炼和压延加工人员，机械制造基础加工人员，金属制品制造人员，通用设备制造人员，专用设备制造人员，汽车制造人员，铁路、船舶、航空设备制造人员，电气机械和器材制造人员，计算机通信和其他电子设备制造人员，仪器仪表制造人员，废弃资源综合利用人员，电力、热力、气体、水生产和输配人员，建筑施工人员，运输设备和通用工程机械操作人员及有关人员，生产辅助人员，其他生产制造及有关人员。

（7）军人。

（8）不便分类的其他从业人员。

进入 21 世纪后，我国产业结构调整加快，高新技术产业迅速发展，随之涌现了一批新兴职业，如计算机程序设计师、集成电路版图设计师、首饰设计师、多媒体作品制作员、电子商务师、网页设计与制作员等。

在自我篇我们已经学到，美国著名心理学家和职业指导专家霍兰德提出了人的生涯兴趣的 6 种类型：现实型、研究型、艺术型、社会型、企业型、事务型。同时，他认为社会上的职业也可以分为现实型、研究型、艺术型、社会型、企业型、传统型 6 种典型的模式。如果我们在职业选择过程中能够选择比较吻合自己兴趣和性格类型的职业，或是在生涯探索中能够注意发展职业所需的兴趣和性格特征，那么，将比较容易获得职业适应和职业成功。

现实型：偏向于具体操作、实用性的职业，如技术员，农、林、牧、渔业工作者，机械操作员等。

研究型：偏向于观察、思考、分析、判断、推理、概念的职业，如数学家、科学研究人员、工程研究人员、信息研究人员等。

艺术型：偏向于想象、直觉、创意、理想化等艺术类的职业，重视自我表达，感情丰富，如音乐家、画家、诗人、作家、舞蹈家、戏剧演员、导演、艺术教师、美术设计人员等。

社会型：偏向于人际、语言沟通、社交、助人的职业，如教师、指导咨询人员、社会工作者、护理人员等。

企业型：偏向领导、策划、管理、冒险，常要求乐观、自信的职业，如推销员、企业经理、公关人员、政治家、律师、法官、媒体工作者、中介代理人等。

传统型：偏向事务、文书、系统稳定、有规则、数字的职业，如会计师、总务、出纳、银行职员、行政助理、信息处理人员等。

《中华人民共和国工种分类目录》将我国的工种划分为46类，共4700个，遍及各行业。每一个工种都包括编码、工种名称、工种定义、适用范围、等级线、学徒期及熟练期等内容。

《中华人民共和国工种分类目录》46类工种

类别	工种	类别	工种	类别	工种	类别	工种
1	民政	13	建设	25	建筑材料工业	37	船舶工业
2	印钞造币	14	地质矿产	26	民用航空	38	石油工业
3	商业	15	冶金工业	27	海洋	39	有色金属工业
4	旅游	16	化学工业	28	测绘	40	石油天然气
5	对外经济贸易	17	纺织工业	29	新闻出版	41	矿山采选业
6	物资	18	轻工业	30	技术监督	42	核工业（略）
7	农业	19	铁道	31	黄金工业	43	兵器工业
8	林业	20	交通	32	烟草工业	44	汽车工业
9	机械工业	21	邮电	33	医药	45	海洋石油
10	航空航天工业	22	文化	34	中医药	46	其他
11	电力	23	广播电影电视	35	环境保护		
12	水利	24	体育	36	电子工业		

工作世界如此之大，职业种类如此之多，通过这一课的学习，我了解到工作与职业的

种类及类型，更深刻地理解了什么是工作，了解了什么是职业，并且掌握了一些有效的工作信息，帮助自己对工作和职业进行分析。经过学习和分析，我心有所思：

本·篇·活·动·与·拓·展

知识拓展

中职生在人才市场日渐走俏

深圳某企业10万年薪招不到高级技工人才的新闻，一度在全国引起了轩然大波，而从最近两年的统计数据来看，职业学校的就业率明显提高，甚至一些地区还出现了中职生比一些大学生还"畅销"的现象。

同样是从"上学"到"上班"，用人单位对高校毕业生和职校毕业生这两类学生的态度正在悄然发生着变化。专家分析，职教背景学生的"走俏"，表明了企业选拔人才正逐渐趋向理性，企业的选才标准已跳出了"唯学历是举"的狭隘框架，更多地从自身发展需求的角度来选择人才。在竞争激烈的今天，企业更需要实战型人才。我国著名计算机教育专家谭浩强教授表示，哪种人才更受企业欢迎，其实反映的是一个"人才回归"的问题。无论哪种教育培养渠道，最终目的都是学以致用。就IT领域而言，一些高校以往只看重学生在计算机基础理论层面的灌输与培养，由于传授的多是书本知识，学生缺乏实际操作经验，学生进入企业后无法符合企业的实战型要求。而以职业发展为导向的职业技能教育培训体系，恰恰可以弥补这方面的缺陷，职业教育将对完善我国人才培养机制发挥越来越重要的作用。

我喜欢的职业类型

下面有 24 项活动，请根据你喜欢的程度，分别在"喜欢""不一定"和"不喜欢"栏中打钩。

活动项目	喜欢	不一定	不喜欢
1. 玩乐器			
2. 观测星象			
3. 摆弄工具，制作模型			
4. 当干部			
5. 做生物实验			
6. 帮助老人			
7. 捉小昆虫			
8. 阅读小说			
9. 上网浏览			
10. 到图书馆打工			
11. 关心股市行情			
12. 修理电器			
13. 参观美术展览			
14. 登记资料			
15. 在电脑上打字			
16. 帮助孤儿			
17. 参观科学展览			
18. 推销产品			
19. 当志愿者			
20. 解数学习题			
21. 野外求生			
22. 参加珠算训练班			
23. 参加文艺表演			
24. 管理班会费			

完成表格后，请根据霍兰德的 6 种职业类型将这 24 项活动归类。同时，把你选择"喜欢"的活动项目画上圈，这样，你将可以大致了解自己喜欢的活动倾向于哪一种职业类

型了。

现实型：_____

研究型：_____

艺术型：_____

社会型：_____

企业型：_____

传统型：_____

开篇寄语

理想是灯塔，照亮人生的道路。理想是支柱，支撑起人生的大厦。理想是人生的奋斗目标，是人们对未来的向往和追求。

没有目标，人生就像没有方向的小船，在生活的海洋里茫然地飘荡。一个人只有树立崇高的理想、远大的志向和明确的目标，才能使人生的航船劈波斩浪，勇往直前，朝着既定的目标驶向理想的彼岸。

让我们珍惜青春年华，树立崇高理想，确立可行目标，在人生的道路上摒弃平庸和世俗，尽可能地追求卓越，唱响无悔的青春之歌。让我们尽快确定职业生涯的航向，为自己的职业生涯发展导航！

目标篇

——职业目标的确定

理想与目标在职业生涯发展中的作用

伟大的目标构成崇高的心灵，伟大的目标产生强劲的动力，伟大的目标塑造杰出的人物。

(1) 什么是职业理想？
(2) 职业理想与职业目标有什么关系？
(3) 职业理想在职业生涯发展中有什么作用？
(4) 职业目标在职业生涯发展中的作用是什么？

职业理想是每个人对未来从事职业的向往和追求。一个人的一生最重要的是在年轻的时候要树立自己的人生目标。一个人如果有理想，并且坚决地向着理想前进，那么他一定有成功的可能。如果没有理想，他的前途就是黯淡的，没有什么希望。没有人生的目标，必定是盲目的、徒劳的。很多人在儿时起就梦想着做一名医生、做一名教师、做一名汽车司机……正是伴随着这些色彩斑斓的理想，我们一点点长大，在成长的过程中，一步步接近自己的理想，直到把它变成现实。

一、职业理想

职业理想主要包括职业种类、职业意义、职业成就3个组成部分。职业种类是指希望未来从事的工作部门，也就是希望做的工作；职业意义是指希望未来从事的职业对自己和对社会有什么意义，体现了自己的价值观；职业成就是指对未来职业发展的成果期待。

一方面，职业理想是个人的主观选择，每个人可以根据自己的意愿确立自己的职业理想，因为社会生活是丰富多彩的，有着各种各样的社会需要，为人们的职业发展提供了很多不同的方向和机会。另一方面，职业理想又从属于一个人的社会理想，当前我国青年都要以自己在职业上的贡献，来实现社会理想。同时，职业理想又有客观规定性，因为职业理想虽然是个人的职业意愿，却受到多种社会和自身条件的制约，人是不可能超越社会条件、无视自身特点去树立职业理想的，否则，只可能是空想，而不是理想。

二、职业理想的作用

职业理想是人们追求职业发展的精神支柱和力量源泉。职业理想与职业目标是密切联系的,职业理想对于人的职业生涯发展的作用,可以简单归纳为以下两个方面。

1. 导向作用

明确的职业理想为职业的发展提供了具体的目标,有了职业理想,可以促使个人积聚力量,朝着既定目标前进,不至于在迷茫中徘徊,浪费青春和生命。

西撒哈拉沙漠中的比赛尔,曾经是一个封闭落后的地方,当地人曾经尝试着要走出大漠,但总是没有人走出去,他们得出一个结论:无论从这儿朝哪个方向走,最后都会转回原来的地方。后来,一位叫莱文的外来人发现,当地人之所以走不出去,是因为他们根本不认识北斗星,在没有任何地面标志和参照物的荒漠中,一个人如果凭着感觉往前走,经过大小不同的圆圈,最后只会回到原来的地方。于是莱文在离开时,带上一位叫阿古特尔的青年,教他朝着北斗星的方向一直走,三天之后果然走出了大漠,阿古特尔因此成为比赛尔的开拓者,人们为他塑了一座铜像,在底座上刻着:"新生活是从选定方向开始的。"

从上面这个故事中可以看到确定目标和方向对于我们的重要性。没有职业理想的生活,可能只是在绕一个又一个的"圈子"。

2. 激励作用

确定目标和方向只是第一步,我们接下来的职业发展可能不会那么一帆风顺,当我们遇到困难和挫折时,当我们在日常的琐碎事务中逐渐消磨了激情时,是什么激励我们继续

努力和前行?是职业理想。职业理想坚定了我们的职业信仰,持续不断地鞭策我们在职业生活中尽心尽责、勤奋工作、努力学习;职业理想激发了我们的职业情感,增强了职业活动的自觉意识;职业理想强化了我们的职业意识,激励我们持之以恒,不轻言放弃。

三、目标在职业生涯发展中的作用

目标对人生有巨大的导向性作用。成功,在一开始仅仅是一种选择,你选择什么样的目标,就会有什么样的人生。

当我们树立自己的理想时，千万别低估了确定可测目标的重要性。

案例启迪

> 一个班主任前去参加自己 10 年前所带班级的聚会，发现短短的 10 年，这些来自全国各地的学生，发展差距太大了。有个学生虽然当年成绩不怎么优秀，现在却是一家公司的领导者，资产已经上千万；而另一个学生虽然当年成绩不错，却已经失业下岗，正在接受政府的救济。老师十分感慨，这些人再过 10 年后，又会是什么样子呢？带着疑问，老师分别与这两个同学进行了探讨，结果他发现，当领导者的学生懂得人生的策划，每年都有发展目标，于是他每年都充满希望。而另外那位同学，没有自己的目标，每年都被厄运和悲观的情绪包围着。

如果一个人没有目标，就只能在人生的旅途上徘徊，永远到不了成功的彼岸。正如空气对于生命一样，目标对于成功也是绝对必要的。如果没有空气，人就不能生存；如果没有目标，没有任何人能成功。

研究一些成功者的人生轨迹就会发现，他们走向成功之前大都有着自己的明确目标。美国著名学者拿破仑·希尔在《一年致富》中曾说："一切成就的起点是渴望。"希尔认为，所有成功，都必须先确立一个明确的目标，当对目标的追求变成一种执着时，你就会发现所有的行动都会带领你朝着这个目标迈进。目标就是力量，奋斗才会成功。古今中外凡在职业上有所发展、事业上有所成就的人，无不有着明确而坚定的目标。英国前首相本杰明·迪斯雷利原本是一名并不成功的作家，出版数部作品却无一能给人留下深刻印象。后来迪斯雷利涉足政坛，决心成为英国首相。他克服重重阻力，先后当选议员、下议院主席、高等法院首席法官，直至 1868 年实现既定目标成为英国首相。对于自己的成功，迪斯雷利在一次简短的演说中一言以蔽之："成功的秘诀在于坚持目标。"明确而坚定的目标是赢得成功、有所作为的基本前提，因为坚定的目标的意义，不仅在于面对种种挫折与困难时能百折不挠，抓住成功的契机，让梦想一步步变为现实，更重要的还在于身处逆境能产生巨大的奋进激情，使自己的潜能得到最大限度的发掘与释放。

反观自我

很多人没有什么职业目标，没有小目标，更没有大目标。有些人虽然有职业理想，却没有明确的职业目标，事实上职业目标对于每个人来说都是十分重要的。学习了这一课，我才真正意识到：

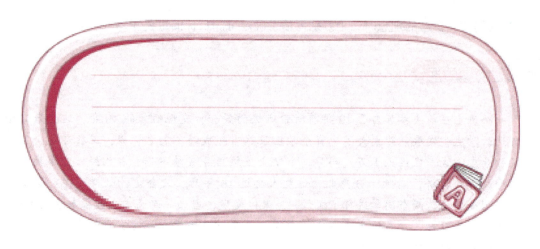

第二课　职业目标的确定与意义

一心向着自己目标前进的人，整个世界都给他让路。

——拿破仑·希尔

 **成长话题**

（1）职业目标确定的方法是什么？

（2）确定职业目标应注意哪些问题？

（3）职业目标的确定对于我们来说有什么重要意义？

 **知识探究**

一、职业目标的确定

在进行职业生涯规划的过程中，通过自我分析，主要是分析自己的专业、性格、气质和价值观等，找出自己的特点；通过对自己所处的内外环境如社会发展趋势、经济文化环境等进行分析，确定自己的位置；通过分析以上结果，选定职业和职业生涯路线，进而确定自己朝哪个方向发展，也就是确定职业目标。

（一）目标确定的方法

目标是一切成就的起点，过去或现在的情况并不重要，重要的是将来想要获得什么样的成就。

这个案例充分说明，如果人生没有目标，就好比在黑暗中远征。人生要有目标，一生的目标，一个时期的目标，一个阶段的目标，一个年度的目标，一个月份的目标，一个星期的目标，一天的目标……

一个人追求的目标越高（在可达到的范围内）、越直接，进步得就越快，对社会也就越有益。确定了崇高的目标后，只要不懈地努力，就有可能实现目标。如果将心理学家的结论用哲人的语言来表达，那就是："伟大的目标构成崇高的心灵，伟大的目标产生强劲的动力，伟大的目标塑造杰出的人物。"

职业发展目标是按照人生目标、长期目标、中期目标、短期目标的顺序而依次确定的。一般而言，先确定人生目标和职业长期发展目标，然后根据个人的经历和所处的社会环境条件，将人生总目标分解为几个 5~10 年的长期目标，再根据长期目标的实现条件，将其分解为若干个 2~3 年的中期目标，再继续将其分解为若干个 6 个月至 1 年的短期目标，进而将每一个短期目标分解成月目标，月目标量化分解为若干个周目标，周目标变成若干个日目标。

职业发展目标既表现为个人宏观发展方向，也体现为微观的具体的职业。目标是在分析自身条件、就业环境的基础上，根据个人的专业、性格、气质、价值观、就业条件和社会发展要求的趋势，通过人生规划、职业长期发展规划、中期发展规划和短期发展规划的逐步实现而实现的。

职业生涯没有目标不可，目标太多不可，目标总变也不可。对目标的处理方法是选择、明确、分解、组合，加上时间坐标。

目标分解是在现实处境与美好愿望的实现之间建立"可拾级而上的阶梯"，目标组合是找出不同目标之间互为因果、相互促进的内在联系。

1. 目标分解

目标分解就是将大目标分割成许许多多相互之间有关联的小目标。跆拳道为什么能够吸引越来越多的人参与？我们可以从跆拳道的升级方法中得到启示：跆拳道将整个拳法、腿法从易到难分成白、白黄、黄、黄绿、绿、绿蓝、蓝、蓝红、红、红黑共10级，而黑带中又分为9段。初学者从最简单的白带（10级）学起，过一段时间通过该级的考试后，就可以升级。因为每个分阶段的目标都比较容易达到，学员们就容易坚持学下去。因此在美国等西方国家，跆拳道能够进入主流社会并广受欢迎，成为大人小孩都喜欢的一种运动。任何一个目标都是无法一步达成的，如果分成小的目标，行动起来就会更有动力，行动方向也更明确，同时当达到这些小目标的时候，也会进一步增加自信心。当一个个小目标实现了，实现大目标就比较容易了。

在大多数情况下，长期职业目标和人生目标比较粗略，不具体，可能随着企业内外部形势的变化而变化，所以在制订时宜以勾画轮廓为主。在选定了长期目标后，把其具体化、现实化、可操作化，就会形成许多的中期目标和短期目标。长期目标、中期目标和短期目标有机联系在一起就形成了个人职业目标体系。

2. 目标组合

目标组合是处理不同目标相互关系的有效方法。

（1）时间上的组合。设计的目标可以是同时并进和连续性的。

（2）功能上的组合。各个目标之间存在因果关系、互补作用。

（3）全方位组合。将家庭生活、职业生涯、个人事务等目标综合考虑。

一位中职生的职业生涯规划中关于目标的分解和组合是这样设定的。

个人总体目标：成为一家大公司的营销经理。

目标分解：将总体目标分解成两个阶段性的目标，一个是顺利毕业；另一个是成为一个有一定经验的市场营销人员。

目标组合：顺利毕业的前提是学好专业课程，专业课程的学习对职业目标（成为一个有一定经验的市场营销人员）有促进作用。

对于案例中该中职生的第一个目标，又可分解为把专业课学好，把选修课学好，以便修完足够的学分，顺利毕业。接下来，还可以细分：在专业课程中，如何学好每一门课程；在选修课程中，需要选择哪些课程，如何学好……

对于案例中该中职生的第二个目标，又可分解为接触市场阶段、了解市场阶段、熟悉市场阶段。接下来，还可以细分：在接触市场阶段，要采用什么办法，与哪些公司保持联系……

为自己树立了一个努力目标后，必须将其进行阶段分解与组合。各阶段目标之间的关系应该是阶梯状的，前一个目标是后一个目标的基础，后一个目标是前一个目标的方向，所有的阶段目标都指向远期目标。

（二）确定目标应避免的几个误区

设定职业目标并不是一件容易的事，其关键在于"知己又知彼"，一方面要对自己有清楚的认识和了解，另一方面对就业环境和职业岗位的要求做到心中有数。因此，职业目标的质量主要看要达成的职业目标是否与自己相匹配以及目标是否切实可行。在确立职业目标的过程中要避免以下几大误区。

1. 目标混杂，缺乏核心目标

所谓核心目标，就是在一段时间内主要行动所围绕的中心。在一段时间内，我们的行动要有一个核心目标，否则纵使有明确、现实、合理的目标也未必能成功。如果有多个目标，可以对每个目标进行评估，确定 1~2 个最重要、最有价值的、对事业发展最有推动力的目标作为核心目标。

2. 目标难度与本人能力差别太大

职业目标的设定要有一定的挑战性，只有这样才能给自己以激励和动力，实现目标时才能带来应有的成就感。目标太难，会因为失败而造成挫败感，对人的积极性产生负强化作用，使人丧失继续努力的勇气；目标太容易，则会失去挑战性和激励作用，对人没有鼓励和促进作用，成就感和满足感也会弱很多。合理的目标是基于自己的能力和周围环境的、既有挑战性又有实现的可能性的目标。因此，合理目标的设定需要个体具有深刻的洞察力和判断能力，既要充分分析自己，又要了解环境中的机会和障碍。

3. 职业目标缺乏弹性

职业目标的设定常常要强调灵活性，灵活的目标对于有效的职业生涯管理必不可少。由于工作环境和人的能力状态都不可避免地会随各项事务的变化而变化，当过去适合自己的职业目标随着时间和环境的变化不再适合自己时，工作和职业目标就要随之进行灵活的调整和改变，甚至完全放弃。进行职业生涯规划要把握变与不变的尺度，不能走极端。职业目标的改变应在原有目标的基础上，结合新的形势进行适当调整，只有当职业目标与现实情况存在严重的冲突时才考虑废除原有目标，确立新目标。

目标设定的 SMART 原则

设定目标有一个"黄金准则"——SMART 原则。SMART 是 5 个英文单词第一个字母的缩写。

1. S（Specific）——明确性

所谓明确性，就是要用具体的语言清楚地说明要达成的行为目标。设定的目标应该具体、明确，且具有可操作性，有时还可以采用量化的形式。例如，"我想在两个月之内提高自己的打字速度，达到每分钟 80 字"。

2. M（Measurable）——衡量性

衡量性就是指目标应该是明确的，而不是模糊的。应该有一组明确的数据，作为衡量是否达成目标的依据。如果制订的目标没有办法衡量，就无法判断这个目标能否实现。

3. A（Attainable）——可达到

目标如果定得过低，则会失去挑战性；但如果定得过高，虽然具有挑战性，却有可能无法实现。设定的目标一定要具有被完成的可能性，同时又要有一定的挑战性，即俗话说的"需要踮起脚来才能得到"。

4. R（Realistic）——实际性

目标的实际性是指在现实条件下是否可行、可操作，切忌脱离周围环境和达成目标所需要的条件。例如，公司的技术支持人员，如果整天考虑的不是怎样才能做好本职工作，提高自己的技术水平，而一心只想怎样才能轻松赚到百万年薪，抱着这种心态和目的工作，被公司解聘只是早晚的问题。

5. T（Timed）——时限性

目标的时限性就是指目标是有时间限制的。例如，"我将在 2013 年 5 月 31 日之前完成某事"，5 月 31 日就是一个确定的时间限制。

二、职业目标确定的意义

确定职业目标是制订职业生涯规划的关键，目标是激励我们走向成功的动力，志向是事业成功的基本前提。职业目标的设定，是职业生涯规划的核心。

众所周知，刘翔的名字之所以在一夜之间家喻户晓、世人皆知，不仅是因为他成了奥运会冠军，打破了沉寂多年的世界纪录，成为国人乃至世界的骄傲，更深层次的启迪是因为他有自己人生追求的远大目标，只有满怀激情、全力以赴地投入训练和不断超越自我，最终才能实现"我心飞翔"！没有目标，我们的热忱便无的放矢，无处依归。有目标，才有斗志，才能开发我们的潜能。人生的目标，不仅是理想，同时也是约束。有约束，才有超越，才有发展，才有"自由"。

目标的确定，是在继职业选择、职业生涯路线选择后，对人生目标做出的抉择。其抉择是以自己的最佳才能、最优性格、最大兴趣、最有利的环境等信息为依据的。

正确的职业选择至少应考虑以下几点：兴趣与职业的匹配；性格与职业的匹配；特长与职业的匹配；价值观与职业的匹配；内外环境与职业相适应。职业目标的选择正确与否，直接关系到人生事业的成功与失败。据统计，在选错职业目标的人当中，超过 80% 的人在事业上是失败者。由此可见，职业目标选择对人生事业发展是何等重要。

尽管人们常说"有志者事竟成""天下无难事，只怕有心人"，可是现实情况却往往并非如此。的确，"想干什么"与"能干什么"不是一回事，每个人的能力、天赋和悟性都有所不同，确立了一个目标，也未必一定就能够百分之百达到，但是，如果没有一个目标，更加不容易获得成功。所以，不管我们设定的目标是否一定能够达到，目标对我们的成功都有着重要的积极意义。

反观自我

　　职业目标展现的是一幅未来职业生涯的美好蓝图。"千里之行，始于足下。"没有目标，人就如同驶入大海的孤舟，四野茫茫，不知该走向何方。确定了目标，目标就可以成为追求成功的驱动力。学习了这一课，我想：

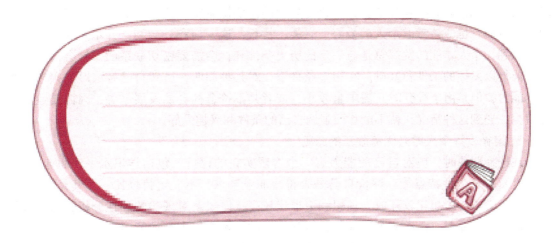

选择适合自己的职业目标

　　择业不是简简单单地谋求一份职业，而是在选择一种适合自己的生活方式。

成长话题

（1）选择职业目标的原则是什么？

（2）如何选择适合自己的职业目标？

（3）选择职业发展目标需要注意哪些问题？

知识探究

一、遵循择业原则

　　职业选择是人们根据对职业的评价、意向以及对就业所持的态度，从

择业原则

社会现有的职业中进行选择的过程。尽管在择业中，不同的人从自己的职业期望值出发，采取不同的策略，可以达到不同的择业目标。但是一般来说，在职业选择中，应当遵循以下择业原则。

1. 遵循实现自身价值与服从社会需要相结合的原则

在选择职业时，应考虑社会的现实需要，考虑特定的历史条件和时代要求，要正确处理好社会发展需要与个体发展需要之间的关系，正确处理好国家、集体、个人三者之间的利益关系，把个人利益和社会主义现代化建设的需要协调统一起来。每一个人在选择职业时，可以而且也应该考虑个人的爱好、兴趣、特长，这一切和社会利益并不矛盾，但要充分认识到，个人才能的发挥总是与一定的历史条件和社会需要密切联系的，社会需要是个人才能得以发挥的条件和基础。在很多条件下，对某种职业，虽然自己有浓厚的兴趣和胜任的能力，但是由于社会对其需求量较小，或者其不符合社会的发展趋势，因而就业的机会就少。遇到这种情况，就不能片面强调自己的条件和兴趣爱好。

2. 遵循发挥个人能力优势胜任的原则

在选择职业时，应对自己的能力有一个客观实在的评价，包括学识水平、职业技能、身体素质以及个性特点等，评价自己是否符合职业要求，不能盲目攀比。尤其是中职生，在这一年龄段，思想比较开放，理想和追求比较高，但缺乏对现实的理性分析，因此首先要面对现实。要对自己有一个清醒的认识和客观的评价。每个人的能力存在个体差异，正如5个手指头伸出来有长有短一样。要认清自己在哪一方面有一技之长，在哪一方面有独特的优势。在对个人条件有一个恰如其分的估计以后，还要对岗位特点及需求进行全面了解，做到知己知彼。

3. 遵循满足自己兴趣的原则

在考虑社会需求的前提下，在自己能够胜任的职业中，应当兼顾自己的兴趣爱好，只有对某一项职业产生兴趣，才能将兴趣激发为敬业精神，从而产生强烈的愿望和求知欲，才能使个人的才能和潜力得到充分发挥，个性得到发展，才能从根本上提高工作效率，有所创造，有所成就。兴趣是最好的老师，兴趣引导爱因斯坦走进科学迷宫，成为一代科学巨匠；贝多芬迷恋神奇的音乐世界，终成芳名永驻的音乐家。反之，人如果强迫自己做不愿意做的工作，对精力、才能都是一种浪费。

4. 遵循气质类型与职业相一致的原则

心理学家把气质分为多血质、胆汁质、黏液质、抑郁质4种类型。不同气质类型的人在生活和工作中会表现出不同的心理活动和行为方式。多血质的人活泼、好动，反应灵敏，喜欢与人交往，兴趣和情趣容易变换。胆汁质的人精力旺盛、脾气急躁、容易冲动，心境变换剧烈。黏液质的人安静稳重、沉默寡言，显得庄重、情绪不易外露。抑郁质的人孤僻、行动迟缓，善于观察他人不易觉察的细节，具有内向性。气质本身并无好坏之分，每种气质都有积极和消极的一面，多血质和胆汁质的人比较适合做一些要求做出迅速、灵活反应的工作，黏液质、抑郁质的人比较适合做要求细致的工作。

气质是制约人们选择职业的重要因素之一，不同职业对人的气质有特定的要求，如医务人员要求耐心、细致，飞行员要求机智灵敏、注意力集中等。气质具有相对的稳定性，但后天也可以锻炼改造，况且纯粹属于某一气质类型的人很少，大多数人都是几种气质类型兼具的混合体。在选择职业时要注意扬长避短。

5. 遵循符合个性的原则

个性是指一个人在其生活、实践活动中经常表现出来的、比较稳定的、带有一定倾向性的个体心理特征的总和。个性对于一个人的前途命运有直接作用。许多工作对个性特征有着特定的要求，要选择某一职业就必须符合这一职业所要求的性格特征。如企业家，除了具备这一职业所要求的能力外，还应具有果断、勇于开拓创新的特征；教师除了具备丰富的知识外，还应具备热爱学生、正直、有责任感等良好品质；医生除医术好，还要求具有救死扶伤的人道主义精神和一丝不苟的工作态度。实践证明，没有良好的与职业要求相适应的性格品质，就不能很好地适应工作。

6. 遵循着眼长远、面向未来的原则

职业不仅是谋生的手段，同时也是发展自我、实现人生价值、服务社会的唯一途径。发展是一个过程，任何事物总是由初级向高级、由单一向全面发展的，绝不能一蹴而就。在选择职业时，既不能期望值过高，也不能急于求成。要把个性发展与职业发展结合起来，把个人发展与团体发展结合起来，综合考虑各种因素，才能实现自己美好的愿望。

在选择职业的过程中，除了应考虑上述因素的影响和制约外，性别、年龄、身体状况、所学专业及其社会意义和发展前景如何、必要的工作环境和保障条件怎样，这些也在一定程度上影响着人们的择业方向，是人们择业时不可忽视的因素。

要使自己能在当今竞争激烈的人才市场，与众多的大专生、本科生竞争，就必须突出中职生的特点，既有扎实的专业知识，又有熟练的操作技能。应特别注意学好本专业的课程，熟练掌握操作技能，考取本专业的上岗证，并根据自己的需要，考取其他专业的上岗证，掌握多门技术，为将来就业创造更多条件。一个只有书本知识而无工作所必需的各种基本技能的人，是不会受到社会欢迎的。

职业目标选择的依据

我们应该通过科学的方法，综合考虑自身和职场、社会环境等因素，选择适合自己的职业目标。我国人事科学研究者罗双平用一个精辟的公式总结出职业生涯规划的三大要素，即"职业生涯规划＝知己＋知彼＋抉择"。选择职业目标时不仅要对个人特质进行分析，还要结合社会环境和职业环境，综合考虑多种因素。

1. 个人因素

个人因素主要包括与个人相关的所有能力因素和非能力因素，如兴趣、性格、能力、特长、价值观等。个人因素的评估是个人职业生涯的基础，也是获得可行性规划方案的前提，个人因素的评估是职业生涯规划要素中的"知己"。只有对自己有一个全面、客观的认识，才能做出最正确的职业选择，才能选定最适合自己的职业生涯路线。

清楚地知道自己未来想干什么是选择职业的前提条件，俗话说："兴趣是人最初的动力。"但仅凭兴趣选择职业是不全面的，感兴趣的事情并不代表自己有能力去做，从事任何一项职业的能力需求决定了并不是只要有兴趣就能干好的。职业选择是个人性格的反映和延伸，择业者的人格特点应与职业类型相适应；价值观支配着生活中的每一件事，是决定我们如何做出选择和行动的关键因素。

2. 社会环境因素

社会环境因素指的是社会的政治、经济体制，人才市场的管理体制，社会文化习俗，职业的社会评价等状况。社会环境因素决定了社会职业岗位的数量、结构、层次，同时也决定了人们的职业观念，从而决定了就业的方式、职业观和个人职业生涯的历程。

3. 职业因素

每个职业的行业环境都有各自的发展规律，行业的特点、现状、未来趋势、就业竞争状况等因素往往影响着个人的职业行为和未来的职业发展道路。对这些职业因素进行认真、谨慎的斟酌，将有利于个体做出正确的职业选择和职业发展规划。职业因素包括就业需求、行业声望、行业发展状况与发展前景。所以，有人形象地说："社会需要比办 100 所大学更重要。"

二、施恩职业锚理论的应用

职业锚的概念是由美国埃德加·施恩教授提出的，他认为职业规划实际上是一个持续不断的探索过程。在这一过程中，每个人都在根据自己的天资、能力、动机、需要、态度和价值观等慢慢地形成较为明晰的与职业有关的自我概念。随着一个人对自己越来越了解，这个人就会越来越明显地形成一个占主要地位的职业锚。所谓职业锚，就是指当一个人不得不做出选择的时候，他无论如何都不会放弃的职业中的至关重要的价值观等。正如"职业锚"这一名词中"锚"的含义一样，职业锚实际上就是人们选择和发展自己的职业时所围绕的中心。一个人对自己的天资和能力、动机和需要以及态度和价值观有了清楚的了解之后，就会意识到自己的职业锚到底是什么。

施恩根据自己在麻省理工学院的研究指出，要想对职业锚提前进行预测是很困难的，这是因为一个人的职业锚是不断变化的，它实际上是一个不断探索过程所产生的动态结果。施恩提出以下 8 种职业锚。

1. 技术或功能型职业锚

具有较强的技术或功能型职业锚的人往往不愿意选择带有一般管理性质的职业。相反，他们总是倾向于选择那些能够保证自己在既定的技术或功能领域中不断发展的职业。有这类职业定位的人出于自身个性与爱好考虑，往往并不愿意从事管理工作，而是愿意在自己所处的专业技术领域发展。在我国过去不培养专业经理的时候，经常将技术拔尖的科技人员提拔到领导岗位，但他们本人也许并不喜欢这个职业，更希望能继续研究自己的专业。

2. 管理型职业锚

有些人则表现出成为管理人员的强烈动机，承担较高责任的管理职位是这些人的最终目标。当追问他们为什么相信自己具备获得这些职位所必需的技能时，许多人回答说，他们之所以认为自己有资格获得管理职位，是由于他们认为自己具备以下 3 个方面的能力。

（1）分析能力：在信息不完全、不充分或不确定的情况下发现问题、判断分析问题和解决问题的能力。

（2）人际沟通能力：在各种层次上影响、监督、领导、操纵以及应对与控制他人的能力。

（3）情感或控制能力：在情感和人际危机面前，只会受到激励，而不会受其困扰，不沮丧、不气馁，并且有能力承担重大责任，而不被其压垮的能力。

3. 创造型职业锚

这类人需要建立完全属于自己的东西，或是以自己名字命名的产品或工艺品，或是自己的公司，或是能反映个人成就的私人财产。他们认为只有这些实实在在的事物才能体现自己的才干。

4. 自主与独立型职业锚

有些人在选择职业时似乎被一种自己决定自己命运的需要所驱使着，他们希望摆脱那种因在大企业中工作而依赖别人的境况，如大企业中的提升、工作调动、薪金等诸多方面。很多有这种职业定位的人同时也有相当高的技术型职业定位，但是不同于那些单纯技术型定位的人，他们并不愿意在组织中发展，而是宁愿做一名咨询人员，或是独立从业，或是与他人合伙开业。其他自由独立型的人有时会成为自由撰稿人，或是开一家小的零售店。

5. 安全型职业锚

有些人最关心的是职业的长期稳定性与安全性。他们为了安定的工作、可观的收入、优越的福利与养老制度等付出努力。目前，我国绝大多数的人都选择这种职业定位，很多情况下，这是由社会发展水平决定的，而并不完全是本人的意愿。相信随着社会的进步，人们将不再被迫选择这种类型。

有的毕业生极为重视长期的职业稳定和工作保障，他们似乎比较愿意去从事有保障的工作，希望获得体面的收入以及可靠的未来生活。对于那些对安全性更感兴趣的人来说，如果追求更为优越的职业，意味着将要在他们的生活中注入一种不稳定或保障较差的地域因素的话，那么他们会觉得在一个熟悉的环境中维持一种稳定的、有保障的职业对他们来说更为重要。对于另外一些追求安全型职业锚的人来说，安全则可能意味着所依托的组织的安全性。他们可能优先选择到政府机关工作，因为政府公务员的工作较稳定。这些人显然更愿意让他们的雇主来决定他们去从事何种岗位。

6. 纯挑战型职业锚

这类人往往有征服人和事的意向，对成功的定义是克服难以逾越的障碍，解决难以解决的问题或征服难以征服的对手。他们不在乎工作的专业领域。典型职业如特种兵、高级管理顾问等。

7. 服务型职业锚

这类人希望以某种方式改善自己周围的环境，选择以帮助别人为主的职业，如医师、护士、社会工作者。希望与他人合作、服务人类等精神在工作中得到体现。

他们喜欢从事符合自己价值观的工作，可以影响所服务的组织或社会政策。在缺少他人支持的情况下，会向有更大自由度的职业上转移。

他们希望根据自己的贡献得到公平的回报，将此类个体晋升到有更大影响力和工作自由度的职位是比金钱更大的激励，他们需要来自上司和同事的赞扬和支持，需要感到自身价值被高层管理者认可。

8. 生活型职业锚

这类人强调工作必须与整体生活相结合，不仅在个人和职业生活之间形成一种平衡，还要实现个人、家庭和职业需要的融合。

他们需要灵活的工作时间安排，如弹性工作制；需要更多的休息日、假期或在家办公等。

三、职业发展目标抉择中要注意的问题

1. 职业生涯规划要进行自我定位

职业定位就是要为职业目标与自己的潜能以及主客观条件谋求最佳匹配。良好的职业定位是以自己的最佳才能、最优性格、最大兴趣、最有利的环境等信息为依据的。职业定位过程中要考虑性格与职业的匹配、兴趣与职业的匹配、特长与职业的匹配、专业与职业的匹配等。

自我分析、自我定位是职业生涯规划的首要环节，它决定着个人职业生涯的方向，也决定着职业生涯规划的成败。求职之前先要进行职业生涯规划，进行职业生涯规划之前先要进行准确的自我定位。要先弄清自己想要干什么、能干什么，自己的兴趣、才能、学识适合干什么。我们可通过自我分析与可靠的量表工具，评估自己的职业倾向、能力倾向和职业价值观，这是职业生涯规划的基础。

2. 充分客观地分析发展条件，确定与自己"人职匹配"的职业

依据客观现实，充分考虑到个人与社会和组织环境的关系，通过比较各种职业的条件、要求、性质及与自身条件的匹配情况，选择条件更合适、更符合自己特长、自己更感兴趣、经过努力能很快胜任、有发展前途的职业。

3. 职业生涯规划是一个动态变化过程

当今社会处于激烈的变化过程中，中职毕业生的就业观念也要相应地改变，打破传统的"一业定终身"的理念，就业、再就业是大趋势，职业生涯规划也应随之根据各种变化来调整。所以环境的变化导致自我观念的变化，反映到职业生涯规划上来，就不能一次把终生的职业生涯的每一个具体细节都确定下来。审时度势，及时调整，要根据情况的变化及时调整择业目标，不能固执己见，一成不变。

4. 毕业生职业生涯规划的重点内容是职业准备、职业选择与职业适应

作为一名中职毕业生，摆在我们面前的首要任务是顺利实现就业，所以职业生涯规划的内容应该以职业选择、职业准备和职业适应为主。职业选择主要是对就业前准备工作的规划，也就是明确自己拟选职业要具备的条件和如何达到这些条件，包括要取得毕业证书、取得相应的岗位资格证书或技术等级证书等条件；职业准备就是对如何去赢得这份工作的准备，包括信息的搜集、面试的准备等内容；职业适应是对毕业生初到工作岗位后的适应

情况的设想，主要是岗位工作内容的熟悉、组织纪律的适应和人际关系的确立等。

明代大医学家李时珍，早在他开始学医时，就树立了为医学献身的理想。他曾对父亲明志道："身如逆流船，心比铁石坚；望父全儿志，至死不怕难。"果真如此，他言必行，行必果。有了这个明确的奋斗目标后，李时珍不仅博览历代医学文献800余部，而且踏遍深山老林，历尽千辛万苦，冒着生命危险，亲尝百草，费时27个春秋，终于完成了中外闻名、长达52卷的《本草纲目》。

选择职业就是选择自己的未来，迈进职业学校的大门，就意味着已经站在了职业生涯的起跑线上。经过前面的学习，我们对自己也有了更深入的认识，自己倾向选择哪方面的职业也有了初步的想法，我是这样想的：

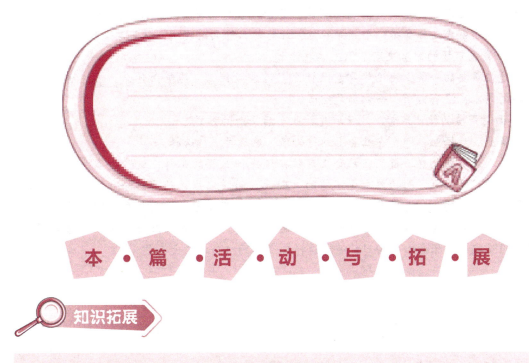

本·篇·活·动·与·拓·展

知识拓展

如何选择工作

如何选择工作，首先要考虑怎样给自己在社会上定位的问题，这要从个人的素质、爱好、学识、能力以及社会对人才的需求等几个方面来决定。

1. 素质决定了你适合做什么

一个人到底适合做什么，是由多方面因素决定的，你的兴趣专长、性格特点，甚至包括你的身高、胖瘦、视力等身体条件，这些方面的素质决定了你最适合做什么样的工作。

例如，开朗大方的人适合做公关，老练沉稳的人适合做管理，而周到细致的人适合做文秘等。同学们可以去人才服务中心做一个素质测评，看看自己到底适合做什么样的工作，做到心中有数。

2. 爱好决定了你愿意做什么

个人爱好决定了你对工作感兴趣的程度，它可以提高你的工作效率及质量，但兴趣是可以转移的，社会上也没有那么多大家都喜欢的工作。因此，在选择工作的时候，不能把个人爱好作为首要考虑因素。同时还要考虑你适合做什么。比如，你很喜欢打篮球，但你的个子却很矮，那么无论你多么喜欢，都不建议选择它作为职业，尽量把它当作一种个人爱好。所以，择业时一定要注意扬长避短。

3. 学识和能力决定了你可以做什么

考虑上述因素后，你知道了你适合做什么，这时你就要衡量一下你能否胜任这个工作。比如，经过测试认为你适合做研究工作，但是你的专业知识却学得不好，那么你就不能选择做研究工作；再比如，经过测试，你很适合做管理工作，但无论什么样的单位都不会一录用就先给你安排一个领导职位，此时你只能面对现实，从基层做起。

4. 社会及市场的需求决定了你能够做什么

这是最重要的一条，无论你愿意做什么、适合做什么、能够做什么，最终都要取决于市场的需求，没有需求，一切都是空话。

5. 面对严峻的就业形势，应采取先就业、后择业的方式

先就业、后择业，即先在社会上站稳脚跟，然后再进行选择。

一个人到底要怎样给自己在社会上定位，选择什么样的工作，这是由多方面因素决定的，只满足了某一方面的要求是不够的。因此，同学们应该让头脑冷静下来，从美好的遐想中回到现实，认真思考一下自己的社会定位是否合理，现实与自己理想的差距有多大，对自己的社会定位要低姿态一些，目标也不要定得太高，做好从基层做起的思想准备，用正确的思维和心态面对就业，这样你成功的机会才会大一些。

为明天规划一个目标链

步骤一 准备好彩色纸，首先在红色纸上写下自己的长远目标：我要成为一个_____，我希望从事的职业是_____。

步骤二 在黄色纸上写下自己的中期目标：中职毕业后我要_____，

高职毕业后我要_____。

步骤三 在绿纸上为自己设置近期目标，本学期结束时我：

① 在思想品德上要_____；

② 在学习上（包括学习成绩和学习能力等方面）要_____；

③ 在人际交往上（包括与同学、老师、家长等方面）要_____；

④ 在身体健康上要_____；

⑤ 在爱好专长上要_____；

⑥ 其他方面要_____。

步骤四 小组交流：

在小组内相互交流各自的目标（以自愿为原则），对自己所设置的目标进行自我评议。

◎ **注意事项**

在设置目标时有几个问题是特别值得注意的。

第一，目标的设置必须是一个完整的体系，要同全面发展的要求相一致。

第二，目标的难度水平要与自身实际相吻合，过高、过低都不利于自己的发展；在制订中长期目标时，不妨把难度设置在比现有水平高15%~25%的水平上，而在选择近期目标时，则一定要以现有水平为基础，稍高于现有水平就可以。

第三，近期目标一定要具体，不能太笼统。

从职业理想到职业目标

在确立了自己的职业理想之后，怎样去实现它？我们可以设定一套职业目标，按时间进度分成一个个比较小的任务，这样就会完成得比较容易。例如，小张的职业理想是拥有自己的建筑设计公司，自己主持设计的建筑物能够成为一个地区的标志性建筑物。

他设定的职业目标见下表。

职业目标	在……以前
1. 成立自己的建筑设计公司，承接大型建筑设计项目	2042 年
2. 具有主持建筑设计项目的经验	2037 年
3. 进入有名望的建筑设计公司工作	2032 年
4. 进修建筑设计高级课程	2027 年
5. 成为建筑设计师	2025 年
6. 进入职场，做一名建筑设计师助理	2020 年
7. 学习有关设计课程	下学期
8. 收集有关建筑设计师培训信息	下个月
9. 找一本世界著名建筑设计案例集阅读	本星期

在设计职业目标时，要注意确定时限，注意将目标定得具体、明确，这样将有助于你

采取行动。请参考小张的例子，根据自己的职业理想，为自己设定一套职业目标。

我的职业理想是：_____

_____

_____

_____

_____

我的职业目标是：_____

_____

_____

_____

_____

_____

职业目标	在……以前
1.	
2.	
3.	
4.	
5.	
6.	
7.	
8.	
9.	

开篇寄语

　　当我们扬起生涯之舟的风帆时，请注意自己的"储油量"是否充足，是否已经做好了随时寻找机会补充能量的准备。职业生涯能力如同生涯发展的"储油"，它是我们奔向职业生涯目标的必备条件。

　　当你想在职业生涯的天空中展翅高飞时，请不要忘记能力和道德是你的双翼。如果折了一只翅膀，将永远无法实现人生的梦想。职业道德也是我们职业生涯中不能缺失的一面。养成良好的职业道德行为习惯，可以给职业生涯增加成功的机会，可以真正实现从平庸到优秀的飞跃。

　　社会注重一个人的职业能力与素质，胜过对高学历的推崇；社会所创造的机制是让能人有机会浮出水面，让庸者沉入谷底。要成功必须靠实力，没有实力，难以自立。让我们来"靠实力演绎成功"，追求我们的人生目标吧！

能力篇
——职业能力与职业道德的培养

培养专业能力

有智慧才能胜人，有知识才能稳己，有能力才能胜任。

(1) 什么是专业能力？

(2) 职业学校的学生如何培养自己的专业能力？

(3) 对于未来可能要从事的职业，我们需要具备哪些专业能力？

一、专业能力

职业是有专业性的，尤其是在今天这样一个科学技术发展日新月异的时代，各种职业的专业化程度越来越高，即使是从前一些看起来可能不需要多少专业技能的职业，现在也对从业者的专业素质提出了比较高的要求。

小王是职业学校计算机专业的学生，毕业前实习阶段，他在招聘网站上看到一家小企业在招聘"仓库保管员"，要求应聘者所学专业为计算机专业。小王认为，仓库保管员是一个人人都能做的职业，比较容易、轻闲，并且自己也是学计算机专业的，这个职位正合适，便前往应聘。可在面试中，企业面试官问及一些专业问题时，他却哑口无言。最后，面试官告诉他作为一名"仓库保管员"应具备如下能力：能熟练地使用计算机进行储存与吞吐计量并制作报表；能看懂英文的货物标签、产品简介及各种单据；能驾驶和操作叉车等，并鼓励他要在学好专业知识的前提下，还应掌握必要的外语能力及专业技能。

从这个案例我们可以看到，现在社会上各个行业的就业门槛都相应地提高了。为了适应科技高速发展对于职业人员专业素质的要求，我国实行了"先培训，后上岗""职业资格证书"等制度，对从事技术复杂、通用性广，涉及国家财产、人民生命安全和消费者利益的职业（工种），实行"就业准入"控制，就是对从业者的基本专业素质有了更高的要求。对于一名职业学校的学生来说，培养专业能力，包括掌握一定的专业知识和较熟练的操作技能是在校学习的基本任务，也是在为培养今后职业生涯发展所必需的基本能力打基础。

一般来说，专业能力包括两个方面，一方面是专业知识，另一方面是专业操作技能。专业知识是基础，它是专业能力发展的重要推动器，而且专业能力形成和提高的重要渠道之一就是理解和掌握有关专业知识。例如，一名厨师，需要学习各种原材料的性质、分类、营养配比、处理方法等知识，才能在烹饪中得心应手并有所创新。操作技能则是从事专业活动所必备的一系列外部行动方式，需要经过反复和系统的训练才能达到一定的熟练程度，形成初步的技术经验。比如说，厨师在学习了专业知识之外，还必须下厨实践，掌握一系列包括切、炒、煎、炸、调味等操作技能，才能真正成为一名合格的厨师。

专业技能的自我评价

对于中职生来说，只有深入地了解自己的专业技能及可将其发挥的工作领域，才能根据自己的优势、劣势、可能的机遇来设定自己长期和短期的职业目标。为了弄清楚自己想做什么、适合做什么，中职生应该对自己的专业技能进行详细的盘点。为此，可以从以下几个方面进行反思。

（1）我有哪些专业技能？例如，研究分析、带领团体、协调谈判、运作控制、精算等。

（2）我的专业技能中哪几项优于别人？

（3）我期望加强哪些专业技能？怎样做？

（4）何种职业或工作能发挥我最"优"的专业技能？

（5）目标职业或工作需要何种技能和专业知识？这些技能和知识我掌握了吗？

（6）在专业知识和技能上，如果还有不足之处，是否需要进修？

二、专业能力的形成过程

专业能力的形成是一个循序渐进的过程。根据美国教育和心理学教授布鲁姆的理论，专业能力的形成需要经过感知认同阶段、模仿阶段、练习阶段、熟练协调阶段、反馈校正（或评价）阶段和创新与创造阶段。在不同的阶段，中职生有不同的任务和技能培养方法，具体如下。

专业能力的形成过程

1. 感知认同阶段

在感知认同阶段，中职生可以通过到与所学专业相关的企事业单位参观实习或观看相关的录像来形成对专业技能的直观认识。俗话说得好，"百闻不如一见。"在学校里，听老师的课堂讲授是必要的，但是仅仅靠听，缺乏直观的印象和感受，是无法满足学生亲身感知的需要的。

2. 模仿阶段

模仿阶段是感知认同阶段的深化。在模仿阶段，中职生通过参加实践教学或实习，在指导教师或师傅语言讲解、动作示范和录像示范后，通过动手模仿，即按规程操作，可以建立起对专业技能具体、生动、清晰的感知表象。正所谓"做一做就理解了"。

3. 练习阶段

在练习阶段，学生可以通过亲自动手实践，达到掌握专业技能的目标。练习是有目的、有步骤、有指导的活动，中职生应该充分利用自己的课余时间，对应该掌握的专业技能反复练习，练得多了，自然也就掌握了。

4. 熟练协调阶段

熟练协调阶段是通过反复训练、强化，使学生手脑并用，达到动作协调的阶段。反复练习，达到迅速、精确、自如地运用技能，这叫作"熟练"。对于有职业资格认定的专业，中职生通过这一阶段的强化训练后，可以参加职业资格认定考试，获得职业资格证书。

5. 反馈校正（或评价）阶段

在反馈校正（或评价）阶段，学生要对自己的技能进行综合分析，以达到自我调整、纠错，自我完善的目的，还可以指出他人技能中的不足，并提出改进的方法。在反馈校正阶段，不但能增强自己的信心，加深爱岗敬业的情感，而且还能使自己从娴熟、完美、流畅的技能操作中获得一种自豪感和成就感。

6. 创新与创造阶段

创新与创造阶段是技能形成过程中的最高阶段。在这一阶段，中职生不但能顺利地、高质量地完成工作任务，而且能尝试性地改进操作方法，参与技术革新，进行创造性劳动，工作岗位也成为自己贡献社会、实现人生价值的舞台。

三、专业能力的培养

我们的社会正在向学习型社会目标前进，中职毕业生已经不可能仅仅依靠在学校所学的专业知识和技能来成就自己整个职业生涯的发展，我们的专业能力需要在生涯实践中不断地丰富和提高。在校生在专业能力的培养上需要注意以下几点。

1. 培养良好的学习态度和学习方法

如前所述，在这个知识经济时代，各行各业的新知识如同"爆炸"一样地快速增长，专业知识是"学不尽"的。所以，注意培养良好的学习态度和学习方法就显得尤为重要，也就是说，我们要注意培养自己强烈的学习意愿，使自己"学会学习"。例如，带着目标选择学习内容，进行专业思维训练等。良好的学习态度和学习方法是我们学习的"诀窍"，可以起到事半功倍的效果；反之则会事倍功半。

2. 注意在实践中培养专业能力

专业能力的形成和发展离不开实践活动。专业知识需要在实践活动中得到真正的理解和运用，操作技能更是在实践活动中不断操练而形成的。单靠书本上的知识只能对付考试，不能真正地培养专业能力。

成语故事 "纸上谈兵"

战国时赵国名将赵奢的儿子赵括，自幼熟读兵书战策，谈起行兵布阵之法便会口若悬河，滔滔不绝，朝野上下无人能出其右。而真正让他带兵打仗时，他只会按兵书所云，生搬硬套地与秦军展开决战，结果被秦军打败。

这个故事告诫我们一定要投身实践，在实践中锤炼和发展自己的专业能力。在职业学校里有大量的实践性课程，应当积极认真地学习，努力地去做、去体验。此外，还要注意利用各种实习机会和社会实践活动，提高自己的专业能力。

3. 积极获取职业资格证书和技能等级证书

职业资格证书和技能等级证书是经过政府批准的考核鉴定机构负责对劳动者实施职业技能考核鉴定合格后颁发的，它是对从业者专业能力的一种客观和权威的认定，是专业能力水平的一个明确指标，而且对我们今后的求职和专业晋升能够发挥"通行证"的作用。职业学校已经实行了"双证书"制度，积极准备、参加职业资格考试和技能等级考试，获取相应证书，是有针对性地迅速培养和提高自己专业能力的有效途径。

某网络公司招聘软件研发人员，招聘条件是名牌大学计算机专业学生。小张是某市中职学校经济类专业的学生，他平时爱好广泛，在学好本专业之余，还辅修了计算机专业第二学位，通过了微软认证，并积极参加学校的课外科技活动和科研项目，具有较强的实际动手能力。获知这一招聘信息后，他进行了冷静的自我分析，然后勇敢地前去应聘。开始，招聘人员一看他是个中职生，又不是计算机专业的，就想婉言谢绝。可看过小张的简历和证书后，他们改变了主意，因为他丰富的计算机研发经验充分反映了他的实力。于是，招聘人员专门向总经理做了汇报，请求特聘该学生。总经理了解情况后，特批予以录用，并给予小张本科生的待遇。

反观自我

作为一名职业学校的学生，我们已经有了初步的职业定向。那么，对于未来可能要从事的职业，我们需要具备哪些专业能力呢？

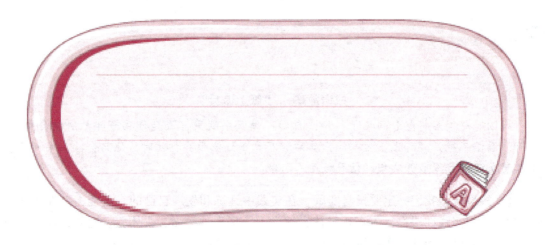

培养解决问题的能力

在不断遇到问题、寻求独立解决问题的过程中，能力才能得到
提高。

（1）什么是解决问题的能力？

（2）解决问题的步骤是什么？

（3）在日常学习中，经常会遇到一些问题和困难，这些问题和困难应该如何解决？

专业能力是我们职业生涯发展的基础能力，不过我们在职业生涯发展的过程中，除了应用专业能力进行专业活动外，还会碰到各种各样的困难和挑战，会遭遇各种大小不一的问题，需要我们去应对和解决。培养解决问题的能力也是我们职业生涯发展所不可或缺的一个重要方面。

什么是解决问题的能力呢？下面介绍解决问题的步骤，其中每一步都体现了解决问题的能力。

第一，发现和界定问题。这是解决问题的第一步。发现不了问题，也就谈不上问题的解决，进步和改善更是无从谈起。往往问题并不是显而易见的，而是需要我们去发现和界定。当我们觉得哪里"不对劲"，哪里完成得"不够好"，哪里可以做得"更有效果"时，就需要思考"问题"在哪里，找到比较根本和主要的症结所在，然后用清晰的语言把它描述出来，切忌停留在表面现象，不做深入思考。例如，"我的人际关系不广，大家都不认识和不了解我"，这样的描述就比较泛泛，会让人感到无从下手解决问题，而经过分析和思考后重新描述的"我参加社会活动太少，所以认识和了解我的人不多"，这样对问题就有了比较具体的界定，解决的方向也就比较清晰了。

第二，提出备选解决方案。在对问题做出比较明确的界定后，我们就要着手考虑如何去解决问题。人们常说"条条道路通罗马"，解决问题的方案往往不是只有一个，可以有很多个。每一个方案都不可能是十全十美的，总是兼有优点和缺点，需要我们去评估和权衡，看看哪个方案优点多些，更适合解决这一问题。在这个步骤上，我们一定要克服自己"惯性思维"和"思维定势"的局限，也就是说，我们不能总是使用自己已经习惯的方法、觉得

"保险"的方法去解决问题，否则会妨碍我们学习和尝试其他更有效的方法，使之成为我们进行"创新"的拦路石。所以，在发现和界定了问题之后，先不要急于凭习惯冲动行动，不妨打开思路，进行一次"头脑风暴"，也可以请家人、老师、同学和朋友一起来想一想其他的解决方案，把它们都列出来，作为问题的备选解决方案。

第三，选择解决方案。备选方案都列出来以后，就需要进行选择了。选择的方法应因时、因地、因事、因人而异，不过一个共同的前提就是要好好评估这些备选方案的各种优缺点，尽量想得全面一些，有利于自己做出最合适的选择。有时候可能在评估之后仍然觉得有几个方案都很好，难以做出选择，这时候不妨选择其中一个，其他的可以作为后备方案。千万不要因为难以选择而迟迟不做决定，这样的结果会是很糟糕的，因为所有工作都是为了解决问题，不确定解决方案，前面的所有心血都会白费。何况有不少问题的解决是有时限的，不允许拖延。

第四，制订行动计划。有了解决方案，接下来就要制订具体的行动计划了。在制订行动计划的时候，特别需要考虑的是计划的可行性。

王强觉得自己的专业能力比较薄弱，将来自己的就业竞争力不强，发现这一问题后，他给自己提出的解决方案是多考取几个职业资格证书或技能等级证书。但是，他在制订行动计划时操之过急，要求自己在半年之内就要参加两项职业资格考试，通过并拿到合格证。应该说以他的专业能力基础和时间安排，很难在半年之内同时准备两项考试，这个计划的可行性是有问题的。

可以想象，当半年之后，王强经过了努力却没有如愿以偿地取得合格证书时，对他自己的打击有多大，甚至自信心会降低，产生自我否定的倾向。这样，不但原先的问题没有解决，反而增加了新的问题。所以，我们在考虑解决问题的备选方案的时候，可以天马行空，多进行发散性思维，但在制订行动计划的时候一定要脚踏实地，充分考虑其可行性。另外，在制订行动计划的时候还须对为此要付出的代价有充分的估计和预想，比如可能要多献出自己的一些业余时间，可能要离开父母和家人一段时间等，我们对这些方面估计得越充分，将来行动起来面对困难的信心和决心也就越大。

第五，执行和评估。这是解决问题的最后一步，也是最为关键的一步，只有执行了行动计划，我们才可能真正解决问题。不管我们事先所做的思考多么深入，制订的方案和计划多么全面，仍然不会是十全十美的，总会在实施中碰到这样或者那样的没有想到的困难。所以我们不但要执行，还要边执行边评估，根据评估结果及时修订计划，然后继续执行，这样问题将会解决得更加顺利。

以上我们给出了解决问题的 5 个步骤，实际上问题的解决并不是这 5 个步骤的机械衔接，而是一个不断重复和循环的过程。我们需要在实践中逐渐学会熟练地运用这 5 个步骤，培养解决问题的能力，不断地攻克职业生涯发展中的一个又一个难关。

过去在学习上遇到一些问题或困难时，不是请别人帮助解决就是放弃，总认为自己没有办法来解决。今天学习了这一课，让我深刻地领悟到：

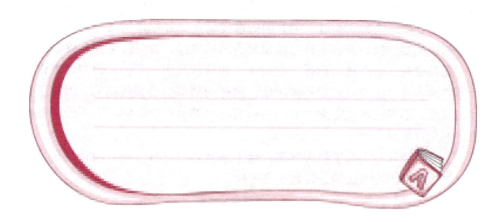

培养终身学习的能力

在一个不断变化的世界中，没有一种或一组技能和知识能为你
服务一辈子，因此，现在最重要的技能是学会如何学习。

——约翰·纳斯比特

(1) 从学校毕业，步入社会走向工作岗位后，还需要学习吗？

(2) 什么是终身学习？

(3) 终身学习的意义是什么？

(4) 怎样培养我们的终身学习能力？

一、终身学习的概念

终身学习的概念是由 1972 年联合国教科文组织出版的《学会生存》一书首先提出来的。该书指出："我们再也不能刻苦地一劳永逸地获取知识了，而需要终身学习如何建立一个不断演进的知识体系——学会生存。"该书还指出："人是一个不完善的动物，只有通过经常的学习，才能完善自己。"人的生存"是一个无止境的完善过程和学习过程"。20 世纪70 年代以后，终身学习开始成为与终身教育并列的国际教育思潮。

关于终身学习的概念，最有权威并得到广泛认同的是由欧洲终身学习促进会提出，并经在罗马举行的首届世界终身学习会议采纳的定义："终身学习通过一个不断的支持过程来发挥人们的潜能，它激励并使人们有权利去获得他们终身所需要的全部知识、价值、技能与理解，并在任何任务、情况和环境中有信心地、有创造性地、愉快地应用它们。"

在当今社会，随着科技的日新月异，学习对于一个人的意义也越来越重要。在过去发展比较缓慢的年代，一个人凭借着青少年时代在学校所学习的知识，往往就可以满足一生的需要。但是，现在已经完全不可能了。这就是说，我们现在所处的世界是一个变化多端的世界，产业结构在调整，职业流动加剧，新知识、新技术、新技能不断涌现。如果说你变换了职业，当然要重新学习；即使在原来的职业领域，你也必须不断学习才能适应新的变化；假如你要想做得更好，想得到提升，那就更需要学习了。如果我们不能够持续不断地学习，就无法跟上社会发展的脚步，这对我们每个人来说是这样，对一家企业来说也是这样，对于一个国家来说也同样如此。

所以，我们需要从现在开始就树立一种终身学习的观念。我们不能把学习看作学生时代特有的任务，而应该"活到老，学到老"。在学校的时候，我们应该努力学习知识、锻炼能力，并且学会学习，为今后良好的职业生涯发展打好基础；开始工作后，我们也要不断学习，努力提升自己的业务水平，通过学习使自己的职业生涯发展得更加光明；即使当我们退出了工作世界，要想使退休生活丰富多彩，也还需要学习，去接受"闲暇教育"，它会让你知道鸟语花香、琴棋书画、老年护理……总而言之，学习是帮助我们实现生涯目标、创造美好人生的最好的朋友，要让它永远陪伴着我们！

案例启迪

李嘉诚是一位终身学习的楷模。小的时候，李嘉诚想方设法博览群书，为自己的成长和事业的成功打下坚实的基础。年轻的时候，李嘉诚努力学习粤语和英语。即使后来功成名就了，李嘉诚也没有停止学习的脚步。他一直在坚持不懈地学习，除了学习有关经济和科技方面的知识外，还特别喜欢看名人传记，从中吸取经验和智慧。

李嘉诚没有因为成功和年龄而放弃学习，学习成了他生命中不可或缺的一部分。有人曾问李嘉诚，他是靠什么赢得成功的，李嘉诚回答说："靠学习，不断地学习。"李嘉诚不仅把终身学习作为自己的信条，更是用自己一生的行动证明了终身学习的巨大力量。

二、终身学习理念的提出对职业生涯发展产生的影响

终身学习理念的提出对职业生涯的发展产生了重大的影响，打破了传统"一次性教育可以解决终身教育问题"的观念，使职业生涯的可持续发展、个性化发展、全面发展成为可能。

1. 终身学习将促进职业生涯的可持续发展

终身学习的观念促进了职业生涯的可持续发展。在一个人的职业生涯中，单靠十几年的学校教育是不够的。要使人力资源能够"保值""升值"，必须把正规的学习和非正规的学习融合在一起，把学习、劳动与创新结合在一起，通过继续教育回归教育之路，不断更新自身的知识结构，这样才能保证和促进自身的持续发展，同时也促进了所服务单位的持

续发展。

作为一种把学习贯穿于人一生的思想，终身学习主张学习的连续性和一贯性，学习不再是儿童或青少年特有的活动，成年人也要不断地学习。职工的职业生涯也不是一次性完成的，而是一个连续不断的发展过程。只有通过不间断地学习，做好充分的准备，才能从容应对职业生涯中所遇到的各种挑战。

2. 终身学习促进职业生涯的全面发展

由于受各种观念、物力、人力方面的制约，某些企业在对职工开展培训的过程中，往往只注意其某个方面，忽视了职工在文化素质、职业技能、社会意识、职业道德、心理素质等方面的全面发展，全面发展是每个人都应享有的权利。

终身学习思想突破了传统思想的束缚，采用多样的组织形式，利用一切教育学习资源，为企业职工连续不断地学习提供服务，使所有企业职工都能平等获得学习和全面发展的机会。终身学习使一切有求学需求的职工都可在自己需要的任何时候进入学习状态，以适合自己的方式参与学习过程。

3. 终身学习促进职业生涯的个性化发展

传统学习较少考虑职工的个性及其职业目标的多样化，只是依据统一的标准、统一的要求、统一的进度，学习统一的内容。这样培养出来的职工容易变成缺乏良好个性素质的"标准件"，缺乏个性化的职工是无法适应多样化的社会的。

终身学习思想破除划一性的学习，要求尊重每个职工的个性和独立选择，强调每个职工在其职业生涯中随时可以选择最适合自己的学习形式，以便通过自主自发的学习在最高和最真实程度上使自己的个性得到最好的发展。例如，在职业生涯的初级阶段，职工的精力旺盛，善于接受新事物、新信息，善于开拓、敢于创新，这个时期的学习是一种创新能力的培养，从企业的长远发展考虑，可以培养职工的超前意识，为企业注入活力。在职业生涯的中期阶段，职工已经富有经验，可以从企业的目前状况着眼，本着"干什么学什么，缺什么补什么"的原则，关注本人的工作与实践、企业的未来与发展，学习创新，提升本人与企业的素质。在职业生涯的后期阶段，职工接近退休年龄，由于医学的进步，生活水平的提高，很多职工在退休以后的许多年都能保持身体健康，并照常工作，因此在退休前可学习一些退休后的工作技能，为退休后老有所学、老有所为、老有所乐打下基础。

三、终身学习能力的培养途径

我们正在建设学习型社会，正在建立起一个"终身教育"的体系，当一个人想要学习或参加培训的时候，总是可以找到机会的。

取得生涯成功的人们，尽管他们的国籍、性别、职业、年龄各有不同，但都有一个共同点：他们都是善于学习并且能够终身学习的人。终身学习的能力是他们的成功之本，是他们的"核心竞争力"。怎样培养我们的终身学习能力呢？

终身学习理念的影响和培养途径

1. 要善于寻找和把握学习机会

学校学习是一种传统的学习机会，它也是一种最正规和最主要的学习形式，在校学生就处于这样一个时期中，可以集中全部精力系统地进行学习，这样良好的条件无疑使学校学习阶段成为我们一生当中学习的黄金时代。不过，这个黄金时代毕竟很短暂，我们的生涯故事将更多地在社会上展开。千万不要以为从学校毕业就很少有机会学习了。正如前人所说："学校小课堂，社会大课堂。"在学校之外还有很多的学习机会，它们可能不是那么正规，但同样是我们学习的宝贵资源。尤其在当今时代，全国正在努力构建终身教育、终身学习体系，迈向学习型社会，企业和组织也在朝着学习型企业、学习型组织发展，教育进修和继续学习的途径越来越丰富，要学会寻找和把握。曾任微软中国公司总经理的吴士宏，本来是一位护校毕业生，在北京一家医院做护士，在此期间她通过高等教育自学考试很快取得了英语专科的文凭，凭借这一技之长，她进入了 IBM 公司做办公室文员，从此开始了在外企的职业生涯。

2. 要善于有目的和有选择地学习

现在，用"信息爆炸"似乎已经不足以形容我们社会信息更迭、知识更新的速度了，社会也给我们提供了大量的学习机会，如何善于利用信息，使这些学习机会能够很好、很有效地为我们所用，也并不是一件容易的事。这就需要我们根据自己的生涯目标，根据自己的职业理想，主动规划和安排自己的学习，敏锐地感受、捕捉和理解相关信息，有目的、有选择地利用合适的学习机会，发展自己的生涯。近些年来，职业学校为了给学生提供和创造更加多元的发展可能，推出了很多选修课，这些课程内容新、覆盖面广，是很好的学习机会，只是全部去学是不可能的，也没有必要。这就需要我们有明确的目标意识，根据自己的生涯发展需要选择相关课程，切忌随波逐流，或一味贪多，导致"消化不良"，达不到应有的效果。

3. 要能够进行创新性学习

人的学习可以分成两种：一种是适应性的学习，它是我们为了适应现在的环境、继承前人留下的知识遗产而进行的学习；另一种是创新性的学习，它是我们为了解决新的问题，创造新的价值而进行的学习。适应性的学习固然很重要，但是今天我们并不能仅仅满足于这种学习，更需要进行创新性的学习。适应性学习面向的是过去和现在，而创新性学习面向的却是未来。要培养创新性学习的意识和能力，我们需要从平时做起，对我们所学的东西能够积极地开展独立思考，而不是满足于获得现成的答案和结果；对于新的情况和问题，我们能够创造性地运用自己已有的知识和能力去探索和解决。

4. 要讲究学习策略

好的学习策略有利于我们进行有效的学习，提高学习的效率。比如，要根据轻重缓急妥善地安排自己的学习任务。一般来说，我们工作以后，学习是服从于工作的，工作中需要什么就学什么，急用先学，学习的内容一般也不求系统，而是围绕着问题展开。学习目标的设定不要贪大求全，宁可由小到大、由易到难，这样容易有成就感，能够培养学习的兴趣和信心。另外，还要注意合理安排学习时间，学习掌握一些行之有效的思维技巧、记忆技巧等。但是，学习能力是一种很个性化的能力，每一位学习者都有自己擅长的学习方式，要根据自己的情况，在自主学习的实践过程中提高学习的能力。

终身学习能力是 21 世纪的通行证，也是我们生涯能力不可缺少的基础部分。拥有终身学习能力，将使你的生涯无惧任何风浪！

学习是伴随着人生而具有终身性的，人生的每个阶段都有不同的学习任务。可以说，终身学习的能力是人的最基本的能力。我想：

第四课　培养职业道德

> 勿以恶小而为之，勿以善小而不为。惟贤惟德，能服于人。
>
> ——刘备

（1）职业道德的含义是什么？
（2）遵守职业道德的意义是什么？
（3）应该怎样培养个人的职业道德？

一、职业道德的含义

职业道德是指社会个体在其从事的职业活动中所应遵循的行为规范的总和，是对从事这个职业的所有人员的普遍要求。职业道德不仅是从业人员在职业活动中的行为标准和要求，而且是本行业对社会所承担的道德责任和义务。职业道德是社会道德在职业生活中的具体化。

每个从业人员，无论从事哪种职业，在职业活动中都要遵守职业道德。例如，教师要遵守教书育人、为人师表的职业道德；医生要遵守救死扶伤的职业道德；商场营业员要遵守微笑服务、百问不厌的职业道德；私营企业主、个体所有者要以守法经营、公平竞争、讲究信誉、不搞欺诈等为职业道德等。

二、职业道德的特点

职业道德具有行业性、广泛性、实用性、时代性的特点。

（一）行业性

职业道德是社会道德的一个重要领域，它与社会分工紧密联系，是在特定的实践基础上形成的。各种不同职业生活的实践，影响并制约着职业道德调节的特殊方向。正如恩格斯所说："每一个行业都各有各的道德。"职业道德不仅反映了一般社会道德的要求，更着重反映了某一职业的特殊的道德心理、道德习惯和职业行为的道德准则。

职业道德的特点

社会主义初级阶段是以公有制为主体，多种所有制经济共同发展的阶段。它不仅包括国有经济和集体经济，还包括混合所有制经济中的国有成分和集体成分。非公有制经济包括私营、个体、三资企业等成分。随着社会分工的发展，职业产生之初的几种最主要的职业已发生了巨大的分化，衍生出成千上万的职业，每种职业的特点不一样，每种职业都担负着特定的职业责任和义务。由于各种职业的职业责任和义务不同，从而形成各自特定的职业道德的具体规范。因此，社会主义职业道德也必然表现出行业性的特点。

比如，警察的职业道德原则就应该是"执法为民，除害安良"。执法为民指出了警察职业活动的根本方向，一旦偏离这个方向，就会导致警察权力的滥用和异化。除害安良是人民警察义不容辞的法律责任，也是其必须恪守的道德伦理规范。面对公民的危难，人民警察必须加以救助，不能麻木不仁、见死不救。

教师的职业道德则可以表述为"教书育人，为人师表"。社会主义市场经济条件下，物质文明和精神文明的建设需要高素质的有现代化知识和技能的人才，而现代化知识和技能的传播理所当然地成为新时期人民教师的重要任务。另外，为了培养适应新时期社会主义市场经济条件所需要的高素质的德才兼备的优秀人才，"育人"又成为教师职业道德的重要内容。教师教育的对象主要是青少年学生，在接受教育的过程中，学生不仅接受教师对知识的传授，而且其一举一动、一言一行都潜移默化地受到教师（特别是青年教师）的影响。所以教师的表率作用在整个教育活动中是非常重要的。

（二）广泛性

由于各种职业道德的要求都较为具体、细致，因此其表达形式多种多样，涉及的范围也非常广泛。

从纵向来看，职业道德贯穿于人类社会发展的各种形态。职业道德萌芽于职业产生之初，职业不仅不可能消亡，而且可能还要进一步加强，真正成为人类的共同道德。

从横向来看，职业道德存在于社会生活的各个领域、各种社会关系中。大到经济领域、政治领域、文化卫生领域，小到人们的衣食住行，人们不得不面对各种关系，如同事之间、服务人员和被服务人员之间、上级与下级之间、师生之间等，在处理这些关系时，必须遵循一定的原则和规范，其中就有职业道德。

又如，工人必须执行操作规程和安全规定；军人要有严明的纪律；等等。因此，职业道德有时又以制度、章程、条例的形式表现出来。所以，在职业道德建设的过程中，要使其内容和规范符合各行各业的特点，使社会主义各行各业、各个阶层都乐于接受。

（三）实用性

职业道德是以实用为存在理由的，它时时刻刻与职业活动联系在一起。

1. 良好的职业道德会促进整个社会道德水平的提高

职业道德涉及从业者对待职业、对待工作的态度，而且也是一个人的道德意识、道德行为发展的成熟阶段。每个职业群体如果都具备优良的道德素质，对整个社会道德水平的提高也会发挥重要作用。例如，有了交通规则，故意闯红灯的人便会大幅度减少。大家都按规矩办事，社会就会井然有序。

2. 职业道德对整个社会的经济发展有着保障作用

行业和技术发展与具有高尚职业道德的员工是分不开的。以现代企业来说，从生产经营的产、供、销的各个环节、各道工序，到服务岗位都有其各自应该遵守的职业道德规范。职业道德包含生产部门高水平的操作技能，也包含服务部门的礼貌待人、优质服务，更包含领导者的克己奉公、廉洁守信以及办事公道。有了这种深层职业道德上的保障，即使在表层的管理措施不是十分到位的情况下，整个行业的生产效率和生产质量也是会突飞猛进的。

（四）时代性

首先，不同社会时代的职业道德，有些是可以继承的。例如，在封建社会中，清官的廉洁奉公、刚正不阿、反腐倡廉、以天下为己任的品德（如包公、海瑞、郑板桥等清官的高尚品质）对现代社会的职业道德建设都有一定的借鉴意义。

其次，历史上一些职业道德修养的理论和职业道德实践的方法，对于后人也有启发作用。例如，孔子为教育他的弟子提出的"三人行，必有我师焉"的学习要求；曾子提出的"吾日三省吾身：为人谋而不忠乎？与朋友交而不信乎？传不习乎？"的自律要求及标准；等等。这些都对后人具有很大的启发作用。

最后，由于职业具有不断发展和世代延续的特征，不仅其技术世代延续，其管理员工的方法、与服务对象打交道的方法，也有一定的历史继承性。例如，"有教无类""学而不厌，诲人不倦"，始终是教师的职业道德。但是，职业道德又有时代性，如教师的"春蚕""园丁""人梯"精神以及"人本主义""师生平等"的修养，就是在古代师德的基础上发展变化而来的。

总之，职业道德是代代相传的，随着时代的发展、经济与科技的进步而不断地完善。同时，随着新行业的诞生，新的职业道德规范也随之产生。

三、职业道德的基本要求

1. 爱岗敬业

爱岗敬业，通俗地说就是"干一行爱一行"，它是人类社会所有职业道德的一条核心规范。它要求从业者既要热爱自己所从事的职业，又要以恭敬的态度对待自己的工作岗位，爱岗敬业是职责，也是成才的内在要求。

所谓爱岗，就是热爱自己的本职工作，并为做好本职工作尽心竭力。爱岗是对人们工作态度的一种普遍要求，即要求职业工作者以正确的态度对待各种职业劳动，努力培养自己在工作中的幸福感、荣誉感。

所谓敬业，就是用一种恭敬严肃的态度来对待自己的职业。任何时候用人单位只会倾向于选择那些既有真才实学又踏踏实实工作，且持良好态度工作的人。这就要求从业者只有养成"干一行、爱一行、钻一行"的职业精神，专心致志搞好工作，才能实现敬业的深层次含义，并在平凡的岗位上创造出奇迹。一个人如果看不起本职岗位，心浮气躁，好高骛远，不仅违背了职业道德规范，而且会失去自身发展的机遇。虽然社会职业在外部表现上存在差异性，但只要从业者热爱自己的本职工作，并能在自己的岗位上兢兢业业地工作，终会有机会创出一流的业绩。

爱岗敬业是职业道德的基础，是社会主义职业道德所倡导的首要规范。爱岗就是热爱自己的本职工作，忠于职守，对本职工作尽心尽力；敬业是爱岗的升华，就是以恭敬严肃的态度对待自己的职业，对本职工作一丝不苟。爱岗敬业，就是对自己的工作要专心、认真、负责任，为实现职业上的奋斗目标而努力。

2. 诚实守信

"诚实"就是实事求是地待人做事，不弄虚作假。在职业行为中最基本的体现就是诚实劳动。每一名从业者，只有为社会多工作、多创造物质或精神财富，并付出卓有成效的劳动，社会所给予的回报才会越多，即"多劳多得"。

"守信"，要求讲求信誉，重信誉、信守诺言。要求每名从业者在工作中严格遵守国家的法律、法规和本职工作的条例、纪律；要求做到秉公办事，坚持原则，不以权谋私；要求做到实事求是、信守诺言，对工作精益求精，注重产品质量和服务质量，并同弄虚作假、坑害人民的行为进行坚决的斗争。

3. 办事公道

所谓办事公道，是指从业人员在处理问题时，要站在公正的立场上，按照同一标准和同一原则办事。即处理各种职业事务要公道正派、不偏不倚、客观公正、公平公开。对不同的服务对象要一视同仁、秉公办事，不因职位高低、贫富亲疏的差别而区别对待。

例如，一个服务员接待顾客不以貌取人，对不同国籍、不同肤色、不同民族的宾客能一视同仁，同样热情服务，这就是办事公道。无论是对于那些一次购买上万元商品的大主顾，还是对于一次只买几元钱小商品的普通顾客，同样周到接待，这就是办事公道。

4. 服务群众

服务群众是指听取群众意见，了解群众需要，为群众着想，端正服务态度，改进服务措施，提高服务质量。做好本职工作是服务人民最直接的体现。要有效地履职尽责，必须坚持工作的高标准。工作的高标准是单位建设的客观需要，是强烈的事业心和责任感的具体体现，也是履行岗位责任的必然要求。

5. 奉献社会

奉献社会是社会主义职业道德的最高境界和最终目的。奉献社会是职业道德的出发点和归宿。奉献社会就是要履行对社会、对他人的义务，自觉地、努力地为社会、为他人做出贡献。当社会利益与局部利益、个人利益发生冲突时，要求每一个从业人员把社会利益放在首位。

奉献社会是一种对事业忘我的全身心投入，这不仅需要有明确的信念，更需要有崇高的行动。当一个人任劳任怨，不计较个人得失，甚至不惜献出自己的生命从事某种事业时，他关注的其实是这一事业对人类、对社会的意义。

"最美司机"吴斌——职业道德的楷模

吴斌是杭州长运客运二公司的快客司机，跑杭州—无锡线路。2012年5月29日中午，他驾驶一辆大型客车从无锡返回杭州，车上载有24名乘客。11时40分左右，车行驶至高速公路上时，一块大铁片突然从天而降，击碎挡风玻璃后，砸向吴斌的腹部和手臂。吴斌忍痛完成换挡、刹车等操作，安全疏散24名旅客，自己却伤重身亡。6月2日，杭州市发布公告，决定授予吴斌"杭州市道德模范（平民英雄）"荣誉称号。面对受异物强烈撞击导致肝脏破损、肋骨骨折和肺肠严重挫伤引发的剧痛，杭州司机吴斌非常镇静地把住了方向盘，并成功完成了一系列完整的安全停车措施。这份对乘客生命负责的人道精神和坚守工作岗位的职业操守，着实令人敬佩。吴斌无愧"平民英雄"和"最美司机"的盛誉。

监控画面记录下了当时突发的一幕，时间共1分16秒：被击中时的一瞬间，吴斌本能地用右手捂了一下腹部，看上去很痛苦，但他没有紧急刹车或猛打方向盘，而是强忍疼痛让车缓缓减速，稳稳地停下车，打起双闪灯，拉好手刹，最后他解开安全带挣扎着做完这一切，站起来，打开车门，疏散旅客。他回头还对受到惊吓的乘客说："别乱跑，注意安全。"吴斌瘫坐在了座位上。

在被突然高速飞过来的金属片撞击肝脏时，吴斌仍能忍住剧烈疼痛，用40秒完成了一系列精准的停车动作：脚踩刹车、拉上手刹、打开双闪、艰难站起、通知乘客、打开车门……

吴斌被送到医院时，右上腹部有一道伤痕，但内脏出了很多血。手术中医生发现，吴斌的三根肋骨被撞断，大半个肝脏破裂了，肺部也出现损伤。手术中输血量达1万多毫升。由于病情危重，手术后吴斌被送往肝胆外科的重症监护室。吴斌全身多个脏器出现衰竭，肾功能不全，随时都有生命危险。他输入的血已经相当于给全身的血换了两遍。可惜奇迹没有发生。吴斌用生命诠释了职业道德的真谛。

四、职业道德的意义

职业道德是调节职业活动中各种关系的行为规范，规范的目的是让我们的职业生活更美好，前途更光明，不要把它看作只是用来限制你的行动自由的枷锁。实际上，职业道德是职业的一部分，良好的职业道德将会为我们的职业生涯减少障碍和阻力，带来一片明媚的天空。

美国新泽西—曼哈顿航线的老板兼A-P-T卡车运输公司的总裁阿曼·英佩拉托雷在回忆自己的过去时说："我10岁那年正是经济大萧条时期的1935年，我在街角的一家糖果店工作。一天，我在桌子底下拾到15美分并把它交给老板。老板扶着我的双肩承认，钱是他故意放在那儿的，以此看我是否值得信任。后来，我一直为他工作到上完高中，我知道是我的诚实使我在美国经济最困难的时期保住了自己的工作。在后来的年代里，我做过许多工作，侍者、停车场的服务员、房子清洁工等，现在回想起来自己在糖果店学到的关于诚实的一课，是使我同别人一起工作和创建事业，并最后使我成功的关键。"

从这个案例中，我们可以看到职业道德对于我们个人职业发展的意义。遵守职业道德，最终的受益者还是自己；不遵守职业道德，也许有时候表面上好像是受益了，但实际上是害了自己。

我们社会的职业道德核心就是普普通通的五个字——"为人民服务"，它蕴涵着深厚的内容。为什么说这是所有职业道德的核心呢？因为在我国，人民是国家和社会的主人。我们每个人无论从事何种行业，无论职位高低、事业大小，都是人民的勤务员，所从事的职业活动都是为人民服务。我们每个人的职业岗位虽然不同，但都是人民的一分子，人人都在为他人服务，人人又都是被服务的对象，"我为人人，人人为我"，为人民服务意味着一种互动的状态。只有当我们每一个从业者都能够从"为人民服务"的核心出发，做好本职工作，我们的社会和我们每一个人的生活才会充满生机和希望，整个社会才会和谐而团结。改革开放以来，我们国家在各个岗位上涌现出许许多多具有高尚道德情操的先进人物，如徐虎、李素丽、孔繁森、牛玉儒、任长霞、许振超、王顺友等，在他们身上都闪烁着为人民服务的光辉。

也许有人会想，现在都是市场经济了，人们从事职业活动都是在追求自身最大的正当利益，"为人民服务"是不是有点不合时宜了？其实，体现"我为人人，人人为我"社会主义原则的"为人民服务"，并不会因为我们向市场经济体制转变而落伍，因为"为人民服务"本身就是对人民群众正当利益的高度肯定和关注，通过每个人的职业活动加以实现。从实践来看，"为人民服务"和"追求利润"也并不矛盾，事实上还会相互促进，不讲"为人民服务"的职业道德，最终也会带来利润的损失，甚至被市场经济淘汰出局。

五、职业道德的培养

职业道德不是一个空泛的概念，也不是靠豪言壮语支撑的，它最终是要落实到人的职业活动中，通过职业道德行为表现出来的。职业道德需要经过我们每一个从业者自觉地进行培养。知识学习、习惯形成、实践强化和自我修养，就是不断提高自己职业道德素养的4个主要环节和途径。

（一）知识学习

古人说："知是行之始。"培养职业道德的第一条途径就是学习有关职业道德的知识。职业道德不是强加给我们的戒律，它的背后包含着深刻的人生价值观和理论支撑，包含着具体情境中对于道德问题的判断。我们只有加强对道德知识的学习和理解，才能真正懂得规范背后的道理，认同职业道德的意义，从而提高职业道德意识，形成职业道德信念，增强培养职业道德的自觉性和积极性。职业道德的学习形式是多样的，我们可以从理论中学习，可以从先人总结的格言警句中学习，可以从职业道德行为案例中学习，还可以向具有优秀职业道德的模范榜样学习。

（二）习惯形成

"习惯成自然"，有意识地坚持在日常职业生活中培养自己的职业道德习惯，是职业道德培养的一条有效途径。习惯一旦养成，它的力量是强大的，所以古人说："勿以恶小而为之，勿以善小而不为。"不能因为"恶"小就去做它，因为这有可能会助长一种不良的习惯，然后逐渐恶化，最后不可收拾；反之，如果养成了良好的道德习惯，就比较容易做出正确的道德选择。所以，我们应当从小事做起，在日常的职业生活中，严守职业道德规范，养成遵守职业道德的习惯。

（三）实践强化

"纸上得来终觉浅，绝知此事要躬行。"良好的职业道德行为不是与生俱来的，而是在长期的职业生活实践中通过自我磨炼修养而成的。

1. 在日常生活中养成

职业道德行为的最大特点是自觉性和习惯性，而培养良好习惯的载体是日常生活。在你的生活中，当某一行为频繁出现时，这一行为就可能成为你的习惯，久而久之，习惯就会成为一种自然，即自觉的行为。

2. 在专业学习中训练

专业理论知识与专业技能是形成职业信念和职业道德行为的前提和基础。职业道德行为习惯的养成，离不开知识的学习和技能提高。而知识和技能的提高是要靠日复一日的钻研和训练才能取得的。

3. 在社会实践中体验

丰富的社会实践是指导人们发展、成才的基础，是实现知行合一的主要场所。职业道德行为的养成离不开社会实践，社会实践是职业道德行为养成的根本途径。在社会实践中，把学和做结合起来，以正确的道德观念指导自己的实践，理论联系实际，言行一致，知行合一。

4. 在自我修养中提高

"自我修养"是指个人在日常的学习、生活和各种实践中，按照职业道德的基本原则和规范，在职业道德品质方面的自我锻炼、自我改造和自我提高。自我修养的关键在于"自我努力"。其目的在于，通过自我对职业活动的认识和实践，培养高尚的职业道德品质，把职业道德的基本原则与规范，自觉地转化为个人内心的要求和坚定的信念，逐步形成良好的职业行为习惯，成为具有高尚职业道德的人。

（四）自我修养

自我修养是通过体验生活，经常进行内省和努力做到慎独而实现的。

1. 内省

内省即内心省察检讨，使自己的言行符合道德标准的要求。内省一要严于剖析自己，善于认识自己，客观地看待自己，勇于正视自己的缺点；二要敢于自我批评、自我检讨；三要有决心改进自己的缺点，扬长避短，在实践中不断完善自己的职业道德品质。

2. 慎独

慎独是指独自一个人在没有外界监督的情况下，也能自觉遵守道德规范，不做对国家、对社会、对他人不道德的事情。作为学生要以此激励和鞭策自己，加强道德修养，自觉做到慎独，努力提高职业道德修养。特别是在信息网络环境下创业立业，更需要这种慎独的品质。

案例启迪

我们中华民族具有慎独的优良传统，曾经出现许多慎独自律的清官。东汉时期，杨震在赴荆州任刺史途中，经过昌邑县。县令王密得知此事，深夜"怀金十斤以遗震"，欲以厚礼报答杨震当年举荐之恩。他说，这事别人不知道，请收下。杨震拒收，严肃地说："天知，神知，我知，子知。何谓无知？"杨震以"四知"自警自律，同时训诫下级，拒收厚礼。这是慎独的典范。

反观自我

职业道德是我们职业生活中不可缺失的一面，虽然我们现在还没有正式开始职业生活，但是道德的培养方式是相通的，我们可以从现在做起，培养自我修养的习惯。学习这一课，我决心从现在开始：

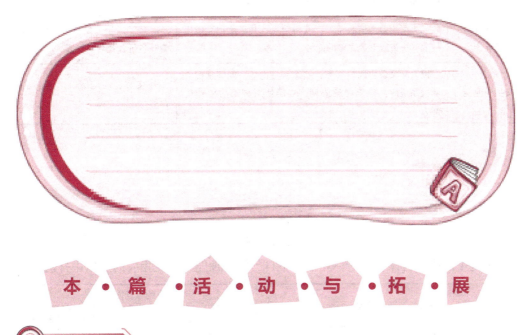

本 · 篇 · 活 · 动 · 与 · 拓 · 展

知识拓展

人的能力类型和所适合的职业类型

研究表明，职业可根据工作的性质、内容和环境而划分为不同的类型，不同的职业类型需要不同类型的能力，而不同的职业层次也需要不同的能力水平。

能力类型	特点	适宜的职业类型
操作型职业能力	以操作能力为主，运用专业知识或经验，掌握特定的技术或工艺，并形成相应的职业技能和技巧的能力	计算机操作、打字、驾驶汽车、种植、操纵机床、控制仪表
艺术型职业能力	以现象能力为核心，运用艺术手段再现社会生活和塑造某种艺术形象的能力	写作、绘画、演艺、美工
教育型职业能力	运用各种手段传授知识与思想或组织受教育者进行学习知识、养成品德和习惯的能力	教育、宣传、思想政治工作

续表

能力类型	特点	适宜的职业类型
科研型职业能力	以人的创造性思维为核心，通过实验研究、社会调查和资料检索等手段进行新的综合、发明与发现的能力	科学研究、技术革新与发明、理论研究
服务型职业能力	以敏锐的社会知觉能力和人际关系协调能力为主，借助人际交往或直接沟通使顾客获得心理满足的能力	商业、旅游业、服务业
经营或管理型职业能力	以决策能力为核心，广泛获得信息，并以此独立做出应变、决策或形成谋略的能力	经理、厂长、单位或部门行政主管等各行各业的负责人
社交型职业能力	以人际关系协调为核心，熟悉人情世故，能够掌握人际关系规律，善于周旋协调，且能使对方通力协作的能力	外交官、经纪人、推销、联络、调解

生涯能力自评表

下面是生涯能力自评表，请你评估一下自己的各种能力，在相应的空格中打钩。

各项生涯能力指标		我的生涯能力水平			
		强	较强	一般	较弱
专业能力	专业知识				
	专业操作技能				
解决问题的能力	发现与分析问题的能力				
	行动与评估能力				
	情绪处理能力				
	人际交往能力				
	参与组织机构的能力				
终身学习的能力	寻找和把握学习机会				
	有目的和有选择地进行学习				
	能够进行创新性学习				
	讲究学习策略				

自上而下将你所打的钩连接起来，你就获得了一份自己的生涯能力曲线图，通过这张图，你可以清楚地看到自己的生涯能力目前的短处在哪里，劣势在哪里，有哪些需要继续

提高和改善。那么，接下来的时间，就使这些能力通过不断的学习和实践得到提高吧！

发现和选择学习机会

学校给我们提供了很多的学习机会，像各种选修课等，除此之外，我们还可以利用社会上的各种培训课程达到提升自己的目的。下面就请你根据自己的生涯目标，收集相关信息，为自己的近期学习制订一个简单的规划。

我的生涯目标：

目前有哪些学习机会可以供我选择和利用？

学校里：1. _____

2. _____

3. _____

4. _____

……

_____

社会上：1. _____

2. _____

3. _____

4. _____

……

_____

我将会选择下列学习机会。

学校里：1. _____

理由：_____

2. _____

理由：_____

……

_____

社会上：1. _____

理由：_____

2. _____

理由：_____

……

_____

　　职业生涯是一个连绵不断的"前进序列"，我们需要一步一步地、脚踏实地地迈好每一步，才会闻到职业目标实现时的醉人果香。前面我们已经走过了5个台阶，清楚了职业生涯规划的意义，分析并了解了自己，认识了工作与职业，确定了职业目标，也培养了评估自己的能力。接下来的第6步，我们将迈向制订与管理生涯规划的阶梯。

　　职业生涯的发展就像一次登山的历程，不像百米竞赛那样可以一目了然、干脆利落。它考验我们的不仅是速度和耐力，也考验我们的应变能力。谁能制订好自己的目标和计划，谁能管理好自己的体力和智力、情绪和意志，谁才能更快更好地享受登顶的无限风光。让我们继续前进，规划好自己的职业，规划好自己的未来，向着职业生涯的顶峰攀登吧！

规划篇

——职业生涯规划的制订与管理

职业生涯规划的制订

一个人仅有目标是不行的，还必须行动，因为只有行动才有结果。没有行动的目标，再伟大也只是一种空想。因此，当一个人锁定了目标，就要全力以赴。

(1) 制订职业生涯规划的原则是什么？

(2) 怎样制订职业生涯规划？

(3) 制订职业生涯规划要注意什么？

(4) 怎样撰写职业生涯规划书？

一、制订职业生涯规划的原则

职业生涯规划说到底是一份人生的规划，它对于人生道路来说具有战略意义，至关重要。决策正确，则一帆风顺，事业有成；反之，则弯路多多，损失多多，甚至苦恼多多、教训多多。要制订出科学的职业生涯规划方案，在规划时必须贯彻如下9条原则。

1. 清晰性原则

确定的目标、制订的措施都应该清晰、明确，实现目标的步骤要直截了当。

2. 挑战性原则

目标或措施应具有挑战性，不能仅维持其原来的状况。

3. 变动性原则

目标或措施应有弹性或缓冲性，目标与措施应一致，个人目标与组织发展目标也应一致。

4. 激励性原则

目标应符合自己的性格、兴趣和特长，并能对自己产生内在激励作用。

5. 合作性原则

个人目标与他人的目标应具有合作性与协调性。

6. 全程原则

拟订生涯规划时必须考虑到生涯发展的整个历程，做全程的考虑。

7. 具体原则

生涯规划各阶段的路线划分与安排，必须具体可行。

8. 实际原则

实现生涯目标的途径很多，在进行规划时必须考虑到自己的物质条件、社会环境、组织环境以及其他相关的因素，选择切实可行的途径。

9. 可评量原则

规划应有明确的时间限制或标准，以便评量、检查，使自己随时掌握执行情况，并为规划的修正提供参考依据。

心理学家曾经做过一个这样的实验：组织3组人，让他们分别向着10千米以外的3个村庄进发。

第一组的人既不知道村庄的名字，也不知道路程有多远，只告诉他们跟着向导走就行了。刚走出两三千米，就开始有人叫苦；走到一半的时候，有人几乎愤怒了，他们抱怨为什么要走这么远、何时才能到达，有人甚至坐在路边不愿走了。越往后走，他们的情绪也越低落。

第二组的人知道村庄的名字和路程有多远，但路边没有里程碑，只能凭经验来估计行程的时间和距离。走到一半的时候，大多数人想知道已经走了多远，比较有经验的人说："大概走了一半的路程。"于是，大家又簇拥着继续向前走。当走到全程的3/4的时候，大家的情绪开始低落，觉得疲惫不堪，而路程似乎还很长。当有人说："快到了！""快到了！"大家又振作起来，加快了行进的步伐。

第三组的人不仅知道村子的名字、路程，而且公路旁每1千米就有一块里程碑。人们边走边看里程碑，每缩短1千米大家便有一小阵儿的快乐。行进中他们用歌声和笑声来消除疲劳，情绪一直很高涨，所以很快就到达了目的地。

心理学家得出了这样的结论：当人们的行动有了明确的目标，并能把自己的行动与目标不断地加以对照，进而清楚地知道自己的行进速度和与目标之间的距离时，人们行动的动力就会得到维持和加强，就会自觉地克服一切困难，努力达到目标。

二、职业生涯规划的制订

确定了职业生涯发展策略之后，行动成为关键。职业生涯规划方案要通过准备一套周密的行动计划并辅以考核措施，以确保预期实现。

在职业目标和职业发展路线确定之后，为了沿着这条职业发展路线达到职业目标，就需要制订行动计划，即职业生涯规划。

职业生涯规划按照时间的长短来分类，可分为人生规划、长期规划、中期规划与短期

职业生涯规划的制订

规划 4 种类型。

1. 人生规划

人生规划是指整个职业生涯的规划，时间长至 40 年左右，设定整个人生的发展目标。例如，规划成为一个公司的领导者。

2. 长期规划

长期规划一般指 5~10 年的规划，主要设定较长远的目标。例如，规划 30 岁时成为一家中型公司的部门经理，规划 40 岁时成为一家大型公司的副总经理等。

3. 中期规划

中期规划一般指 3~5 年内的目标与任务。例如，规划到不同业务部门做经理，规划从大型公司部门经理到小公司做总经理等。

4. 短期规划

短期规划一般指 3 年以内的规划，主要是确定近期目标，规划近期完成的任务。例如，对专业知识的学习，掌握哪些业务知识等。

人生发展阶段要使目标能够实现，就必须将目标分解量化为具体的行动计划，使自己知道现在应该为目标做什么，使目标有了现实的行动基础。把目标量化分解为具体的行动计划，一般采用"逆推法"，即确定达到大目标所需的条件，将大目标分解成为一个个小目标，由高级到低级层层分解；再根据时限，由将来逆推至现在，明确自己现在应该做什么：即时行动←更小的目标←小目标←大目标。用"逆推法"将目标分解量化为具体行动计划的过程，与实现目标的过程正好相反。分解量化大目标的过程是逆时针推进的，由将来倒推至现在；实现目标的过程是顺时针推进的，由现在到将来。

 案例启迪

1984 年，在东京国际马拉松邀请赛上，名不见经传的日本选手山田本一出乎意料地夺得了世界冠军。当记者问他凭借什么取得如此惊人的成绩时，他说了这么一句话：凭智慧战胜对手。

当时许多人都认为，这个偶然跑到前面的矮个子选手是在故弄玄虚。马拉松赛是考验体力和耐力的运动，只要身体素质好又有耐性，就有望夺冠，爆发力和速度都还在其次，说用智慧取胜好像有点勉强。

两年后，意大利国际马拉松邀请赛在意大利北部城市米兰举行，山田本一代表日本参加比赛。这一次，他又获得了世界冠军。记者又请他谈经验。

山田本一性格木讷，不善言谈，回答的仍是上次那句话：用智慧战胜对手。记者仍然

对他所谓的智慧迷惑不解。10年后，这个谜底终于被解开了，他在自传中是这么说的："每次比赛之前，我都要乘车把比赛的线路仔细地看一遍，并把沿途比较醒目的标志画下来，比如第一个标志是银行；第二个标志是一棵大树；第三个标志是一座红房子……这样一直画到赛程的终点。比赛开始后，我就奋力向第一个目标冲去，等到达第一个目标后，我又拼力向第二个目标冲去。40多千米的赛程，就被我分解成这么几个小目标轻松地跑完了。起初，我并不懂这样的道理，我把我的目标定在40多千米外终点线上的那面旗帜上，结果我跑到十几千米时就疲惫不堪了，我被前面那段遥远的路程给吓倒了。"

同样，在现实中，我们做事之所以会半途而废，这其中的原因往往不是目标难度较大，而是觉得成功离我们太远。为此，我们在制订目标的时候，应该把我们的职业生涯的最终目标分解成一个个阶段性的目标。这样的话，只要我们坚持下去，我们的职业生涯的总目标也一定能够最终实现。

行动计划的制订一般按照内容确定、期望标准、采取的途径和方法、检验和评估结果、适时调整和修订6个步骤进行，然后开始新计划的实施。

计划的制订如同职业目标分解一样，也应该制订出长期计划、中期计划、短期计划，且与相应的职业目标相一致。只不过计划的制订要更加细化、具体化。

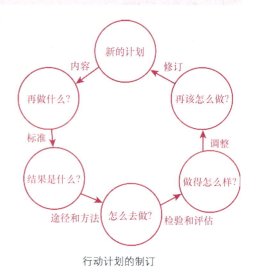

行动计划的制订

10年计划：制订出今后10年的计划。20年的计划太长，容易令人泄气，10年的长度合适，而且10年时间足够成就一件大事。今后10年，你希望自己成为什么样子？有什么样的事业？将有多少收入？计划进行哪些家庭固定资产投资？要过上什么样的生活？你的家庭生活水平与家人的健康水平如何？把这些仔细地想清楚，一条一条地计划好，记录在案。

5年计划：定出5年计划的目的，是将10年计划分阶段实施，并将计划进一步具体、详细，将目标进一步分解。

3年计划：俗话说"5年计划看前3年"，因此，3年计划要比5年计划更具体、更详细，因为计划是行动的准则。

1年计划：制订出明年的计划以及实现计划的步骤、方法与时间表，务必具体、切实可行。如果从现在开始制订目标，则应单独制订出今年的计划。

月计划：下月计划应包括下月计划要做的工作，应完成的任务及其在质和量方面的要求，财务上的收支，计划学习的新知识和有关信息，计划结识的新朋友等。

周计划：计划的重点在于必须具体、详细、数字化，切实可行，而且要在每周末提前做好下周的计划。

日计划：取最重要的3~5件事，按事情的轻重缓急和先后顺序排好队，每日按计划去做，可以避免"捡了芝麻，丢了西瓜"。

目标的实现需要行动和坚持

当个人设定了目标，完成了计划之后，需要时刻提醒自己两个词——行动、坚持。

歌德有一句名言："仅有愿望是不够的，我们必须行动。"如果没有行动，计划和方案就毫无价值，目标也就失去了意义。苦思冥想是不能代替实际行动的，没有行动的人，只能纸上谈兵，成不了大业。事实上，行动是一种习惯，拖沓也是习惯。这种习惯与能力无关。有些人能力很强，但就是因为有拖沓的习惯，使自己一事无成，职业目标不能实现。每当发现自己有拖沓的倾向时，不妨静下心想一想：我的目标是什么？在此时间内应该完成什么任务？如果今天不干，明天会出现什么问题？考虑完这些问题后，给自己定一个最后期限，自我约束，渐渐地就会养成好的习惯。

除了"行动"之外，还需要"坚持"。古语说："君子立长志，小人常立志。"成功者和失败者的差别就在于那么关键的一点：成功的人可以无数次修改方法，但绝不轻易放弃目标；不成功的人总想改变目标，就是不改变方法。大文豪巴尔扎克读大学时原本学的是法律专业，但大学毕业后偏偏想当作家，全然不顾父亲让他当律师的忠告。于是，父亲便不再向他提供任何生活费用，而巴尔扎克的投稿被不断退回来，他陷入了生活的困境。但巴尔扎克从来没有动摇过自己的梦想，克服困难坚持了下来，后来，他果然成功了。

目标不是轻易能够实现的，成功来自对目标的坚持。人最怕的是没有理想和目标，最难的却是坚持自己的理想和目标。

三、目标调整与职业生涯规划修订

1. 职业目标调整

俗话说："计划赶不上变化。"影响职业生涯规划与发展的因素很多。有的变化因素是可以预测的，而有的变化因素难以预测。在此情况下，要想使职业生涯规划行之有效，就需不断地对职业生涯规划进行评估与调整。调整的内容包括职业的重新选择、职业生涯路线的选择、人生目标的修正、实施措施与计划的变更等。

2. 职业生涯规划修订

职业生涯规划是一个动态的反复进行的过程。职业犹如一个人生命的台阶，人们需要在不同的时候站在不同的高度和位置，去审视自己，进行选择；修订职业生涯规划就是为了更好地做选择；适合自己的职业生涯规划才是最佳的规划。

四、撰写职业生涯规划书

一份完整有效的职业生涯规划书，应该包括以下 8 项内容。

1. 标题

标题包括姓名、设计年限、年龄跨度、起止时间。规划年限不分长短，可以是半年、3年、5年，甚至是 20 年，视个人的具体情况而定。

2. 目标确定

目标确定指确立职业方向、阶段目标和总体目标。职业方向即从业方向，是对职业的选择；阶段目标是职业规划中每个时间段的目标；总体目标即当前可预见的最长远的目标，也是在特定规划中的终极目标。在确定总体目标时，如果能适当地看得远一些，定得高一些，则有助于最大限度地激发规划者的潜能。

3. 个人分析结果

个人分析包括对自己目前的状况分析和对自己将来的基本展望，同时也包括对自己职业生涯有一定影响的角色建议。

4. 社会环境分析结果

社会环境分析指对政治、经济、文化、法律和职业环境等社会外部环境的分析。

5. 组织（企业）分析结果

组织分析主要是对职业、行业与用人单位的分析，包括对用人单位制度、背景、文化、产品或服务、发展领域等的分析。

6. 目标分解与目标组合

分析制订、实现目标的主要影响因素，通过目标分解和目标组合的方法做出果断、明确的目标选择。目标分解是根据观念、知识、能力、心理素质等方面的差距，将职业生涯中的远大目标分解为有一定时间规定的阶段性目标；目标组合是将若干阶段性目标按照内在的相互关系组合起来，达成更为有利的可操作目标。

7. 制订实施方案

首先找出自身观念、知识、能力、心理素质等方面与实现目标要求之间的差距，然后制订具体方案，逐步缩小差距以实现各阶段目标。

8. 评估标准

评估标准是指衡量此规划是否成功的标准，并给出如果在实施过程中无法达到制订的目标或要求，应当如何修正和调整。

需要注意的是，文案内容的顺序与规划的步骤不是完全一致的。比如，职业生涯规划的第一步就是要进行自我评估，其次是进行外部环境分析，然后才是职业目标的确立；而文案内容的顺序是先写出职业方向和总体目标，然后再写出自我分析和外部环境分析的结果。其实，这并不矛盾，因为文案的形成是建立在按正常步骤进行规划的基础之上的，之所以将职业方向与目标提前，是为了阅读上的方便，突出核心主题——规划的目标，并有利于与实施方案进行对照、检查和修订。

前面的准备工作我们都一步一步地学习了，经过对自己的分析与评估，对职业的了解和认识，已经确定了职业目标。确定了目标就要行动，如何行动就需要我们撰写自己的职业生涯规划书。学习了这一课，我有如下想法：

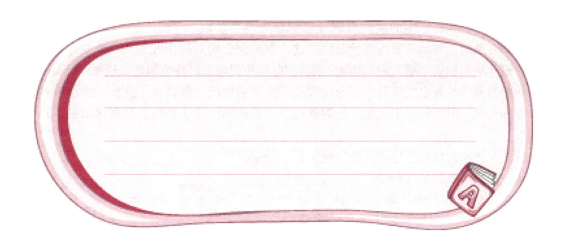

第二课　职业生涯发展的阶段与任务

机遇偏爱有准备的头脑。如果一个人不知道他要驶向哪一个码头，那么任何风都不会是顺风。

——塞涅卡

（1）职业生涯发展分为哪几个阶段？

（2）职业生涯发展各个阶段的任务是什么？

（3）我们现在正处于哪个阶段？

　　每个人的人生虽然都千姿百态、各不相同，不过还是有很多的共同点。就像一年可以分为春夏秋冬四季，每个季节都有自己的特色和适宜的生活方式一样，人的职业生涯（简称生涯）也可以被分为几个发展阶段、每个阶段都有自己的特点和相应的发展任务。如果我们能够清楚地了解人的生涯发展都有哪些阶段，每个阶段是怎样的，我们就可以对自己的发展有"先见之明"，使自己走好生涯的每一步。

　　国际上有不少生涯发展阶段理论，其中美国学者萨帕的理论较有代表性，影响也很大。我们可以先来了解一下他的理论告诉了我们些什么，可以提供给我们怎样的参考。

萨帕认为，人的一生的生涯发展可以划分为 5 个阶段——成长期、探索期、建立期、维持期和衰退期，如果联系到年龄阶段，这 5 个时期分别对应于儿童期、青少年期、成年初期、成年中期和老年期。5 个阶段分别具有各不相同的发展特色和发展任务，而每个阶段发展任务的完成与否也关系着下一个阶段生涯发展的情况。所以说，这 5 个阶段虽然对应于一定的年龄，但年龄并不是绝对的判断标准，只是强调这 5 个阶段是循序渐进、逐步发展的。

这 5 个阶段的发展特色和任务分别如下。

第一阶段　成长期（4~14 岁）

这个时期基本上是从幼儿园到初中学习的时期，是个体的兴趣、能力发展的启蒙时期。这一时期的儿童或少年好奇心强，对周围的人、事、物、活动，通过观察、模仿以及游戏中的角色扮演、学习等方式，建立了自己在兴趣和能力方面的自我概念，也初步建立起对工作和职业的概念。

第二阶段　探索期（15~24 岁）

这个时期是个体成长与学习的关键时期，他（她）会主动参与班级或社团的各项活动，从活动的经验中尝试、检验和发现自己的兴趣与能力，并且寻找自己比较喜欢、觉得能胜任的职业范围，探索自己可能的就业方向。

第三阶段　建立期（25~44 岁）

个体在这个时期多半已经进入了社会，找到了适合的职业领域，并且在自己所选择的职业领域中逐步建立自己的声望及信誉，稳固自己的地位或职位。这个时期可能会变换工作，但一般不太会变更职业，是最具有创造力的时期，生活也因为工作的稳定而趋于安定。同时，有人因工作而扩大了社交面，因婚姻而建立了家庭，生涯角色更加多样化，内涵更加丰富，需要处理的问题更加复杂。

第四阶段　维持期（45~64 岁）

这个时期，个体逐渐在职场上取得相当的地位，并且致力于维持现有的地位。由于年龄增长，受到自身条件的限制，较少有创造性的表现。

第五阶段　衰退期（65 岁以上）

个体的身心状况逐渐衰退，大部分人已经退休了，角色重心、生涯内容发生变化，没有了工作的负担，开始寻求合适的闲暇生活方式，以满足自己的需要。

明确了人的生涯发展的各个阶段后，我们就可以根据各个阶段的特征，完成相应的生涯阶段任务，走好人生的每一阶段。

案例启迪

下表列出了一位律师一生的生涯发展。

一位律师一生的生涯发展

年龄	发展目标	主要活动与工作	所需培养的技能、态度和性格特征
17 岁	探索自己在法律生涯中可以胜任的角色和发展机会	· 学习有关的法律知识 · 到法庭实习，练习有关技能 · 坚持运动，保持良好的体能	· 把握学习机会，认真充实自己 · 勤奋工作，锻炼口才 · 能独立完成领导交给的任务 · 有正义感，有毅力
30 岁	· 从助理做起，度过任职初期，成为执业律师 · 寻找可以长期合作的事务所	· 坚持学习，了解不同领域法律问题处理的特性 · 与同事合作，完成领导交给的任务 · 尝试独立担任律师工作	· 充分吸收所学的知识 · 学习与人合作的人际关系处理能力 · 善于控制自己的情绪 · 注意人身安全，避免职业伤害
45 岁	· 建立自己在律师生涯中的声望以及信誉 · 寻找新的生涯重心，为退休铺路	· 确立自己职业的主要服务领域 · 接受影响较大的案件的辩护任务 · 领导下属完成法律咨询服务工作	· 学习领导的能力 · 进一步锻炼和加强判断与解决问题的能力 · 果断、坚毅、负责 · 寻找事业合伙人
65 岁	· 发展新的角色重心 · 寻求合适的闲暇生活方式以满足自己的需要	· 培养业余爱好，加入有关社团 · 担任社区志愿工作者，提供免费法律咨询和有关讲座 · 分担家务	· 善于管理财务，使自己没有后顾之忧 · 与家人建立亲密联系 · 富有爱心，全心投入

你是不是很羡慕这位律师一生的发展？其实，你也可以生活得这么充实。只要你善于思考和规划，勤于行动，生涯各发展阶段的精彩都在等着你去发现、去体会。

我们现在正处在哪一个发展阶段呢？显然是探索期。而且是处在探索的前期阶段，可以称为"试探期"，主要的发展任务是考虑自己的性格、兴趣、需要、能力等方面的因素，配合职业需求和机会，使得职业喜好逐渐具体化，发现自己想要从事的职业领域。

能够适当地完成人生各阶段的生涯发展任务，就是"生涯成熟"。萨帕认为，处在生涯探索期的青少年达到生涯成熟的水平，应该具备如下 6 项条件。

（1）职业选择的定向性：能够关心未来的职业选择问题。

（2）职业的信息和规划：对自己所喜好的职业，能够收集相关的信息并做出计划。

（3）职业喜好的一致性：对于自己所喜好的职业具有持续的一致性。

（4）个人特性的具体化：个人的自我概念更加具体和明确。

（5）职业选择的独立性：可以根据自己的意愿做出职业选择的决定。

（6）职业喜好上的智慧：个人的选择和相应的兴趣、能力发展、活动参与之间具有一定程度的关联性。

这些生涯成熟度的指标告诉我们在生涯发展的现阶段所应该努力的方向。我们要树立对自己未来职业选择负责的责任感；在面临选择的时候可以独立地做出职业选择的决定，

而不应依赖父母家人和老师（可适当听取他们的意见和建议）；确定自己喜好的职业，这应该是一种经过发现和思考的结果，而不是一时的心血来潮；对自己的个人特性，要有更加具体和明确的认识；我们对职业的喜好和选择不能停留在空想和纸面上，而应有意识地去收集相关信息并做出规划；要根据职业喜好及选择方向有意识地培养和发展相关的兴趣与能力，参加相应的活动。

反观自我

每个人都有自己的职业生涯；在每个职业生涯发展阶段，每个人又有自己的阶段任务。通过学习这一课，我更加认清了自己在各个阶段的任务：

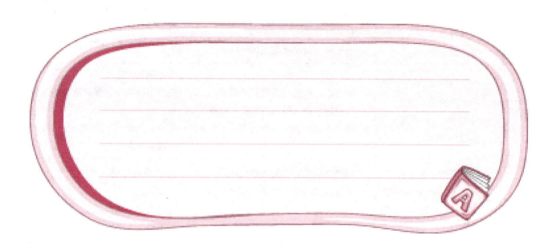

第三课 **职业生涯早期管理**

在职业生涯初期，我们可能做的是自己不喜欢且不想从事一生的工作。要分清：喜欢不喜欢这份工作是一件事，应该不应该做好这份工作、是否有能力做好这份工作是另一件事。切记：职业生涯发展是从做好本职工作开始的。当你还没有能力做好一份工作时，就没有资格说不喜欢。

（1）职业生涯早期有什么特征？

（2）组织化的内容与过程是怎样的？

（3）职业生涯早期的管理手段有哪些？

职业生涯早期分为立业期和成就期两个阶段。立业期是指个人从进入组织开始到适应组织并确立自己在组织内的职业生涯战略的时期。当一个人开始从事一份新工作时，首要任务是立业，这实际上是一个组织社会化的过程。成就期是个人职业生涯早期的另外一个重要时期，它紧随立业期。当个人处于职业生涯的成就期时，他在立业期所采取的行动已经告一段落，对工作环境和工作内容有了相当的认识，有了切实的期望并对自己的工作负责，对"认同"和"融入"问题的关注逐渐退居其次，取而代之的是为取得成就和上级的授权而奋斗了。

需要注意的是，确切指出立业期和成就期转换的具体时间是不太可能的。但是这种转换一定会发生。而且，并不是新人在第一年里就不考虑成就，老员工也不是不在意学习、安全感及他人的评价。事实上，在早期职业阶段一直都存在立业和成就问题，只是两种主题在立业期和成就期内各自相对的比重不同而已。

一、职业生涯早期的特征

在职业生涯早期阶段，个人突出的心理特征主要体现在4个方面。

（1）进取心强，具有积极向上、争强好胜的心态。进取心是一种积极的力量，能促使员工不断上进，力求发展。但另一方面，由于年轻气盛，人往往会出现浮躁和冲动的情绪，在职业发展中表现为缺少对自己不足与缺点的认识，对现状认识不清楚，过分争强好胜，导致紧张的人际关系。

（2）职业竞争力不断增强，具有做出一番轰轰烈烈事业的心理准备。职业生涯早期的员工常具有远大的职业理想和抱负，成功欲望强烈。随着工作经验的积累，他们逐步提高了自己的工作能力，学会将原有知识转化为实际能力，对职业的信心增强。

（3）组建家庭，逐步学习调试家庭关系的能力，承担家庭责任。职业生涯早期阶段，个人从单身到组建家庭再到生育子女，家庭结构和家庭角色发生变化。个人必须学会处理同配偶及子女的关系，要承担照顾家人的责任，家庭观念逐步增强。

（4）处于"跃跃欲试"的状态，渴望实现目标、有所成就的愿望极其强烈。很多员工普遍遇到这些问题：在本职工作中要显示不断提高的工作能力；要求扩大本职工作的责权；要确定能对自己、职业和组织做出贡献的最恰当的方式；要对组织内部和外部的机会做出评价；要制订符合个人职业生涯志向的长期和短期目标；制订能实现个人职业生涯目标的战略并付诸实施；对不断变化的环境要保持灵活的应变能力。

二、职业生涯早期的问题

(一) 员工组织化

员工组织化是指"个体获得成为一个组织成员所必须具有的社会知识和技能"的过程。它包括向所有员工灌输组织及其部门所期望的主要态度、规范、价值观和行为模式。组织化的结果是那些被组织成员认为是外来者的人转化为富有生产力且可以被组织接受的内部人员。组织化是一个连续的过程,对组织和成员都有重要作用。

在这一过程中,个人和组织都必须学会相互接纳。相互接纳使新员工与组织之间的关系趋于清晰化、明确化、确定化,组织确认了新员工作为组织正式成员的资格,新员工则获得了组织正式成员的身份。相互接纳是一种心理契约,新雇员与组织之间没有书面的接纳证明,只是在思想认识、情感以及工作行为上互相承认、认同和接受。相互接纳可以用具体事物标明,尽管相互接纳是一种心理契约,但是仍有显著的标志。新员工努力工作并安心于组织,便是他向组织发出的认同信号。组织给新员工增薪、晋升等,则象征组织对新员工的接受。个人在这个过程中要积极主动,表现出组织所期望的行为,促使组织尽早接纳自己。

从猴子摘香蕉看员工组织化

西方行为学家曾做过一个实验:在笼子里放进6只猴子,笼子上方挂有香蕉及一套自动喷淋装置。每当有猴子去摘香蕉时,就会有强水流自动喷出,猴子们就都会遭受被喷淋的痛苦。慢慢地,猴子们明白了:只要去摘就会被淋,于是都不会去摘了;不管谁想去摘香蕉,其他的猴子马上痛击此猴。当放出一只猴子再换进一只时,新猴子去摘香蕉,马上就被打一顿。渐渐地它也明白了:谁去摘香蕉,就要打谁!当再换进一只新猴子时,不仅原来被喷淋过的猴子打它,而且没有挨过喷的也打它!慢慢地将猴子一个一个全换了,则每次新来的都会被打,但这时候猴子们都已经不知道为什么了。笼子中的猴子谁也没见过和遭受过喷淋,也没有敢去摘香蕉的。从此,不能试图去摘香蕉成为这个群体中的潜规则。

第一批猴子自由而活泼,它们按照自己的喜好来办事,但是制度让它们不得不收敛自己的本性,并且不成文地形成了内部生存规则:不许任何成员去碰香蕉。当新的一员加入这个组织时,大家对它肆意破坏规则的行为感到异常愤怒,所以这只新猴子挨的打必然要比原来的群体重。当来了第二只新猴子时,第一只新猴子下手要比其他的猴子还狠,它一方面是盲目地维持秩序,另一方面也是为了发泄被打之恨。当笼子里全是新猴子的时候,大家依然墨守这个不成文的规则,当有猴子试图去改变的时候必然遭到报复和惩罚。可是后来的猴子群体都没有被淋湿过,大家也不知道为什么不能去碰香蕉,也不知道为什么要维持这个规则。如果没有力量强大、富有说服力的猴群新领导出现并改变规则，那么这个潜规则将永远保持下去。

许多新员工一进单位就会发现很多不合理的规定，他们或者在公开场合，或者在私下场合，抱怨或者抨击单位的规则和制度。他们不清楚为什么明明不合理，那些老员工却不去改变它并让它一直存在。他们就像那些新的猴子一样，不知道这些规则产生的历史，却因怕受到惩罚而墨守。慢慢地，等他们成了老员工时，对新员工的疑问也会嗤之以鼻。

（二）年龄问题

通过以上介绍，我们知道职业生涯早期始于立业期，而后进入更为关注成就和收获的成就期。一般而言，职业生涯早期的年龄定位于 25～30 岁。人们正是在这个时候步入社会、参加工作、追求自己的梦想的。

但是，人在成年后，不管何时转换职业，都有可能引发立业和取得成就的种种问题。任何工作变化都可能面对某些不熟悉的任务和人际关系的环境，因此要求再次社会化。以后要取得成就和创新，再次社会化可能成为必要前提。只要改换职业领域或雇主，毫无疑问就要求更紧张的再次社会化和二次立业，因为人对新的环境更不熟悉。即使在进入成年的中期和晚期，都有可能需要重新考虑立业和取得成就的问题。因此，职业生涯早期的主要内容并不是只限于二三十岁的阶段，以下对个人提出的管理建议同样也适用于年龄更广泛的人群。总之，个人（无论年龄多大）应该理解自己的发展需要，组织也应该知道这些需要对个人职业生涯的发展以及组织的效率具有何种意义。

三、职业生涯早期的个人管理

（一）考查职业生涯目标

员工在职业生涯的早期阶段，最基本的是要明确自己的发展需要。同时，这是一个相互考查的过程，个人和组织都在估量彼此是否相互适应。如果对这个问题没有清晰的认识，个人很难获得有用的信息，也无法做出正确的决定。因此，在这一过程中，员工应该首先做好自己的本职工作，正确地对待业绩评价，认真观察并有效利用非正式关系，从而更多地了解自己和组织。在掌握了有关知识和信息之后，员工就愿意并且能够在必要的时候调整职业目标，个人目标伴随着眼界的更新和组织情况的清晰化而变化。

（二）确定主动的职业生涯战略

在立业期内，尽管个人会按照环境的要求对自身做出调整以适应环境，但是在不断变化和竞争激烈的环境中，建议员工采取更为主动的态度，通过自身的行为影响组织。另一方面，组织也希望员工能有积极的态度，使组织能够对员工的想法尽早地了解并做出相应的反应。因此，主动的态度对组织和员工都是有益的。

职业生涯早期的
个人管理

（三）制订现实的目标

制订现实目标的最佳方法是：员工自己设定职业生涯发展中的目标，并与组织就这些目标进行沟通。对于员工来说，最重要的是对自己的兴趣、动机和才能有充分的了解。职业生涯早期中的成就期是对这些选择进行考验的一个关键时期。

（四）了解当前工作的绩效标准和职责

员工应该积极了解自己当前工作的绩效标准和职责，以便更好地完成工作，对自身职业生涯的开展和调整提供支持；同时与上级进行有效的交流，明白上级的处境和困难并给出力所能及的帮助。

（五）探索升迁之路

升迁往往成为个人职业发展的一个目标，但我们必须清楚升迁的机会是有限的，尤其是在越来越多的扁平化金字塔结构的组织中。在升迁的过程中要注意以下两点。

1. 把握升迁的通道和路径

研究指出，升迁的通道主要有两种：表面捷径和真正捷径。表面捷径包括快速升迁及增薪，反映出个人"雷厉风行"的个性特点，实际上却阻碍了今后长期的、升到更高职务时才用得到的那些技能和人际关系的发展。走真正捷径的人相反，他们在职业生涯早期升迁较慢，那是因为他们把大量时间花在培养重要的能力和建立持久的人际关系上，他们所掌握的技能使其在以后的职业生涯中更具发展潜力。通往事业顶端的路径包括纵向之路（即提拔）和横向之路（即平调）两种。员工应该认识到，平调是使自己长本事的道路，是提拔的必要一环，还有着促使加薪的证明效果。

2. 注意个性的影响

要得到升迁，员工必须认识到人的个性对改变工作有着很重要的作用，个性会影响上级及其他同事对自己的印象。所以，塑造良好的、适合工作和团队文化的个性，对于职业生涯的发展具有较重要的意义。

（六）获得保护

一般来说，要实现目标，上级和师傅的支持与保护是很重要的。要得到保护，首先要坦诚交流，不能遮遮掩掩；其次，员工应该勤奋工作，对上级忠诚，以获得上级的信赖。在个人的成就期内，发展人际关系、获取他人支持非常重要，老师（或师傅）、上级、同事、下属、家庭和朋友都可以为你提供这种帮助。并且人们普遍认为，担任较高级助理职务的师傅给予保护，更容易对自己的职业发展产生而积极的影响。

 **友情提示**

警惕青少年职业生涯规划陷阱

近年来我国高等院校一直在开展职业生涯教育，并有专门的教师对学生进行辅导和制订职业规划，我觉得并无不可。可是有部分专家呼吁要在中学甚至是小学就要开展职业生涯规划，其理由之一就是"仅两成大学生满意入学专业"。那么如果小学就规划好了，对入学专业的满意度会提升吗？这就有待商榷了。

职业生涯规划的目的是什么？是提前进行准备，形成强大的职业竞争力？而我以为是追求一种职业幸福感。过早规划职业生涯，本质上是鼓励竞争，是对丛林法则的肯定和实践，也是成功学的一种异化，和"不要让孩子输在起跑线上"的理念并无区别。过早的职业定位存在高风险，后果具有极大的不确定性。

有调查显示，美国 18~42 岁的人平均每人从事过 10.8 份工作。日本的人才流动率之低是世界公认的，平均每人换工作的次数也达到了将近 4 次。而在我国，人们的流动频率只有 2.3 次。但是与老一辈人相比，年轻人更换工作的频率已经越来越快，尤其是"白领"，平均 5 年换一次工作，但专家认为还不够快，流动加快是未来的一个趋势。

青少年从小制订职业生涯规划，究竟是自己的选择还是顺从家长的意愿，答案是不言而喻的，因为一个青少年很少能够对有关资讯都了如指掌并加以分析，也不可能积累丰富的经验。这就产生一个悖论，这个规划如果不是出于孩子的本意，当孩子成年之后，到底是坚持自己的想法，还是顺从父母的意思？职业生涯规划制订得越早，目标冲突的可能性越大。股神巴菲特的名言："听从自己内心的召唤。寻找自己独一无二的理想，引领自己的一生。"

 **反观自我**

学习了这一课，我领会到：

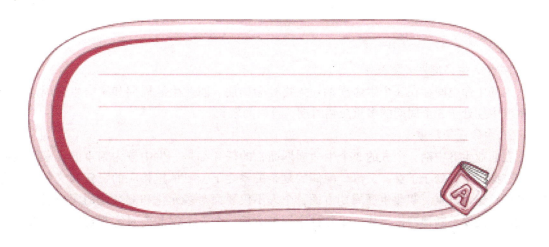

第四课　职业生涯中期管理

在职业生涯发展的道路上，只要不放弃目标，每一次挫折、每一次失败都是有价值的。

（1）职业生涯中期的特征是什么？

（2）如何理解职业生涯"高原现象"？

（3）处于职业生涯中期的个人，如何管理自己的职业生涯？

职业生涯中期是青年和中年之间的过渡，一般是指 30～50 岁这一阶段。职业生涯中期阶段富于变化，个人在生理和心理上都发生了很多改变，会遇到大量与工作有关的特殊问题。在这一阶段，个人既有可能获得职业生涯的进一步成功，也有可能出现危机。

一、职业生涯中期的特征

职业生涯中期是个人生命周期中最重要的一个阶段，也是个人职业生涯周期中最重要的一个时期。在这一时期，个人生命周期和个人心理特质都会发生明显的变化，并呈现出明显的阶段性特征。

职业生涯中期的特征

（一）个人的生命空间特征

1. 个人生命周期多重交错

人的生命空间存在 3 个生命周期：生物社会周期、职业生涯周期和家庭生命周期。职业生涯中期处于 3 个周期的多重交错时期，且时间较长。

2. 生命任务繁重

在职业生涯中期，个人的 3 个生命周期面临的任务都是一生中较为繁重的。家庭生命周期方面，个人处于子女、父母、配偶的复杂关系之下，要承担相应的责任和义务，家庭任务和负担最沉重。职业生涯周期方面，个人不仅要面对多元化和复杂化的职业发展，应对危机，还要不断地迎接挑战。生物社会周期方面，个人不仅要面对客观现实，需要重新审视自己、评估自己，还要处理来自家庭与工作的冲突。

3. 不同生命周期间的相互影响最为明显

人的 3 个生命周期既存在相互促进、推进的正向关系，也存在相互制约、相互矛盾的负向作用。在职业生涯中期，3 个生命周期的冲突最多，对时间和精力的分割矛盾也很严重。

（二）个人的心理特征

1. 职业认同感受到冲击

处于职业生涯中期的人往往会开始面临个人梦想和实际成就之间的不一致。职业认同和角色定位如果不明确，很容易让人对自己的职业选择产生怀疑、不满和焦虑。这种心理变化使一些人重新评估自己的工作，如果个人需要未得到满足，他会去寻找新的职业或业余爱好。

2. 家庭角色结构变化

人到中年，孩子长大并逐个离开家庭，照顾和抚育子女的任务减弱；夫妻二人需要适当调整感情，学会处理彼此的关系；注意处理同父母的关系，他们希望得到关怀，感情需要得到慰藉；家庭经济负担减轻，可支配财力增加；饮食、娱乐和休闲等日常活动的安排会有所改变。

3. 意识到职业机会有限而产生焦虑

职业生涯中期的人随着年龄的不断增长，将会逐渐意识到适合个人的职业岗位和职业机会越来越受到限制，要想重新选择一个好的职业和岗位将十分困难，因此会产生焦虑不安的心情。

4. 承认时间有限和生命有限的事实

职业生涯早期和职业生涯中期的初始阶段，人们往往尚未从心理上意识到时间和生命的有限性，认为自己拥有充裕的时间来实现梦想。步入中年后，子女的独立、亲友的离世使个人真正认识到生命的有限性，发现缺少时间去完成各种梦想，由此常会出现抑郁不安的心态。

（三）个人能力与职业生涯特征

在职业生涯中期，个人的职业发展情况和能力状况存在较大差异，但在能力和职业发展方面存在一些共同的特征。

1. 能力稳定并趋于成熟

人到中年，有了相当的生活阅历，具备了处理人际关系的能力及与工作相关的专业技能；价值观和世界观已经形成，多数人的事业心和责任心增强，也较为沉稳和踏实；有较为稳定的长期贡献区。

2. 业绩突出

职业生涯中期的人一般都是作为组织的骨干在发挥作用。个人的职业能力增强，积累了丰富的职业经验，正是个人创造力最强、工作绩效最突出的时期。

3. 职业生涯呈现"∩"形轨迹

职业生涯中期的职业轨迹呈现由低到高逐步上升的趋势，职业顶峰多出现在中间段，高峰之后职业轨迹就会呈现下降的趋势，整个过程呈现"∩"形轨迹。由于个人情况存在差异，所以生涯轨迹也存在差异。事业发展平平的人，曲线低且平缓，没有明显的凸起；事业有过短暂辉煌的人，曲线形如山峰，峰高顶尖；事业成功、大有作为的人，其曲线峰高，且峰顶平而长。

二、职业生涯中期的问题

(一) 职业生涯"高原现象"

美国职业心理学家菲伦斯（Ference）于1977年最早提出"Career Plateau"概念，意为"职业生涯高原"或"职业高原"。他认为："职业生涯高原是指在个体职业生涯中的某个阶段，个体获得进一步晋升的可能性很小。"维格（Veiga）将职业生涯高原定义为"由于长期处于某一职位，从而使得个体在未来的职业流动包括垂直流动和水平流动，变得不太可能。"弗德曼（Feldman）和维兹（Weitz）则认为："个体在工作上接受进一步增加责任与挑战的可能性很小。"

每个人或早或晚都会遇到职业生涯高原，但是其职业生涯中期发生的概率最高，因此职业生涯高原常被认为是职业生涯中期的核心问题。一般来说，职业生涯高原给个人带来明显的消极影响。达到职业生涯高原的员工有时会变得愈加愤怒、沮丧、烦躁、停滞不前、不专心工作，最后工作绩效下降，并导致所在部门和组织的绩效下降。

(二) 落伍

落伍是指"组织的专业人员缺乏胜任现在或将来的工作角色、保证有效绩效所必需的最新知识和技能"。落伍问题在职业生涯的其他阶段也存在，但是在中期会更加突出。

落伍的根本原因是变化，有两种类型的变化会导致落伍：工作上的变化和人本身的变化。工作变化包括技术的改变、管理观念与方法的变化、工作内容和职责的变化、工作环境的变化、职业生涯要求和管理方法的改变，所有这些都要求专业技术和管理方法及时更新。那些不能把本专业中的技术发展变化与本职工作结合起来的人很容易落伍。而且，人到中年，思想和阅历的转变使人本身发生变化，有人会逐渐降低自己的成就标准和工作兴趣，也影响人们留在当前岗位的愿望。

(三) 转换工作

转换工作是指改行去做非本行的工作。尽管很多人在职业生涯中期确实转变了职业生涯方向，但是这种职业变动既不是职业中期不可避免的现象，也不仅限于职业中期。

迫使人们转换工作的原因很多，通常可归纳为以下3点：首先是个人方面的一些因素，包括个人对现有职业生涯或生活方式不满，想取得更大的成就，还包括年龄、健康状况、兴趣爱好、价值标准和家庭关系的改变等；其次是一些环境因素，包括失业或面临失业、技术变化、经济压力、公司重组或规模缩减、薪酬制度的变化、工作要求提高等；最后，是一份比当前职业更诱人的工作。

（四）职业生涯中期危机

在职业生涯中期阶段，由于个人生命周期的交错运行，面对环境及个人自身的心理及身体等变化，有些员工出现职业问题，形成职业生涯中期危机。

这一阶段的危机管理通常是最富有挑战性的。但是，有的人不愿面对现实，有的人没有引起足够的重视，这就可能为职业生涯的进一步发展设置了障碍。这时，需要个人自我分析和知情者提供帮助，以便提出有针对性的解决方法。

三、职业生涯中期的个人管理

（一）自我评估

自我评估在职业生涯中期阶段是非常重要的。除了考查个人的价值、兴趣和才能之外，主要还应了解自己对中年期的真实感受，对工作、家庭以及自我发展之间优先次序改变的真实感受，特别是应该做出定期的自我评估和再评价，来确定自己的兴趣、价值标准、技能是否与建立的目标、计划相符合。员工应该主动参加职业生涯发展座谈会，或者与同事、朋友、家庭成员或顾问讨论。

（二）对待失业

人们对于失业的反应各有不同，主要取决于经济条件、社会关系和地位、工作对个人生活的意义以及个人的自信与自尊程度。大体来说，失业会打乱人们在生活各方面建立起来的平衡，会导致快乐减少、沮丧增加、焦虑增多、消极避世、自尊心降低以及家庭危机，甚至导致较高的死亡率、自杀率。但有些人把失业当成成长中的一种经历，借此为成功寻找新的道路。

（三）危机管理

个人要想克服职业生涯中期危机，就必须采取适当的措施。

1. 保持积极乐观的心态和向上的精神

职业生涯中期的个人面对诸多问题和生命周期运行的变化，这是人生的一个关键时期。对于少数有信心和把握机会获得晋升的员工，他们劲头十足，成为职业中的稳定贡献者；相当数量的员工由于面临危机和各种家庭问题，减弱甚至丧失了原有的工作热情、进取心，只求平稳安度后期的职业生涯，不想对工作投入太多；少数员工职业发展遇到的困难和问题较多，致使情绪低落、沉沦。虽然职业生涯中期的诸多问题给个人造成较大的压力，但它同时也给个人提供了一个发展的新机遇。如果能够正确地控制自己的情感，正视客观事实，保持积极乐观的心态，主动寻找解决矛盾的方案，那么职业生涯中期危机就可能成为一个实现职业发展新跨度的起点。

2. 明确目标与信念

员工应该了解并确立自己的职业目标，没有目标将失去努力奋斗的方向，同时要为这些目标付出必要的努力，坚定自己的信念。心理学的研究证明，信念能够产生"皮格马利

"翁效应"，对于成功具有重要作用。

3. 进行新的职业角色选择

在职业生涯中期，当员工陷入较大的矛盾或危机中时，往往也面临着新的职业角色选择。员工应该及时明确自身的生活目标和价值观，以便取得一种更稳定的生活结构，摆脱以往的角色模式。选择新的职业角色包括：继续留在原来的"职业锚"（也称"职业系留点"），成为骨干或专家；技能通用化，更多地充当项目带头人和老师的角色；转换工作，进入行政管理领域。

4. 树立学习理念

在职业生涯中期，只有不断地学习新知识、新技能，才能在危机中实现突破，所以要制订合理的学习计划，利用各种途径和机会不断学习。

5. 维护职业工作、家庭生活和个人发展的平衡

首先要重估自己的职业锚和贡献区，理性看待自己的职业才能和绩效，重新思考自己的成功标准和职业目标。然后，对今后的人生进行重新定位，确定职业工作、家庭生活和个人发展间的权重分配。最后，决策职业工作、家庭生活和个人发展之间的均衡的运作模式。

6. 要快速反应

危机一旦来临，就必须快速做出反应。速度是一个关键的因素，危机不等人。假如你"站着不动"，即便是在正确的道路上，也会被"撞倒"。因此，要迅速做出反应，提出解决问题的办法。

友情提示

职业生涯阻碍

1. 职业生涯阻碍的含义

最早提出"职业生涯阻碍"（Career Barrier）这一术语的学者是 Crites。在 Crites 的研究中，职业生涯阻碍即指在生涯发展的历程中，个体所遭遇到的内在冲突与外在挫折，如自我概念、成就动机、性别歧视等。在研究职业阻碍方面颇负盛名的 Swanson 和 Woitke 则将职业生涯阻碍定义为：在个体的内、外环境中使职业生涯进程发生困难的事件或情境。而Lent 等学者从社会认知职业理论的角度，把职业阻碍定义为对个体的职业发展有负面的、不利影响的因素。

2. 职业生涯阻碍的应对策略

就组织和社会而言，应想方设法减少阻碍的数量和程度，并为员工克服职业阻碍提供支持。

就员工个体而言，要克服职业生涯阻碍可以从以下 4 个方面着手：了解和重视与自身职业紧密相关的职业阻碍状况；培养和提高自己的职业弹性；发展支持性的环境；采取积极的应对机制。

反观自我

学习了这一课,我领会到:

第五课　职业生涯晚期管理

职业生涯的每一次质跃发展都是以学习新知识、建立新观念为前提条件的。

成长话题

(1) 职业生涯晚期的特征是什么?

(2) 处于职业生涯晚期的个人,如何管理自己的职业生涯?

知识探究

从年龄上看,职业生涯晚期是指 50 岁至退休年龄段。由于职业特征和个人特征的差异,个人职业生涯晚期的具体起始时间也存在差别。但在这一阶段,个人的职业、心理和生活都将发生与以前不同的变化,所以也呈现出与前两个阶段不同的一些特点和问题。

一、职业生涯晚期的特征

（一）个人家庭与心理特征

1. 对家庭的依赖加强

在职业生涯晚期，一些人的家庭出现空巢、夫妻相依为伴的现象，家庭情感生活成为精神支柱，部分人对家庭的依赖增强，安享天伦之乐成为职业生涯晚期阶段人的主要需求。

2. 自我意识增强

自我意识增强、怀旧心重、念友强烈是这一阶段的另一个特征。主要表现为：追求自我发展，倾向于从事个人活动、实现个人兴趣；健康意识增强，重心转移到自我生命和健康；人近终老，念友之情产生，渴望与过去的社会关系交往以满足精神上的需求。

3. 进取心下降

在职业生涯晚期，个人的能力、精力和生理机能开始退化，学习能力下降，职业能力也明显衰退，进取心下降，开始安于现状。

（二）个人职业生涯特征

1. 职业能力和竞争力明显下降

在现代社会，科学技术迅猛发展，知识老化与技术更新的速度惊人。职业生涯晚期的个人，由于其体能和精力不可避免地衰退，所以学习能力和整体职业能力下降，面对知识与技能的老化已经无力改善，职业能力和竞争能力逐渐减弱甚至丧失。

2. 权力和中心地位下降

处于职业生涯晚期的个人，其在职业中期所形成的光环都会渐渐消失，职务往往被新人取代，相应的权力也被收回，中心地位和重要作用逐渐丧失。

3. 优势尚存，仍可发挥余热

虽然职业生涯晚期的人在体能和精力上已经明显下降，中心地位丧失，但是他们仍然存在优势。这些员工对于组织文化、岗位技能、生产业务知识和人际关系能力有着深刻的认识和丰富的储备，他们可以通过担当良师的角色继续在工作中发挥自己的作用。

二、职业生涯晚期的问题和改变

（一）不安全感增强

不安全感的来源有多个方面，不安全感很容易影响员工个人的健康发展和组织绩效的提升。

在职业生涯晚期，个人面临退休后收入急剧减少的境遇，而各种风险和不确定性因素却在不断增加，老年人面对各种风险的能力在减弱。目前，我国的社会保障制度还不健全，老年人福利覆盖范围狭小。因此，退休后的生活来源和经济保障必然是困扰员工的一大难题，给他们带来经济上的不安全感。

由于健康水平和身体机能的衰退，人的抵抗力降低，疾病会显著增加，对医疗和保障的需求也随之增加，由此导致对于健康的不安全感增加。

很多人在工作时，将全部身心和精力都投入企业的发展中，牺牲了很多家庭时间和休息时间，一心一意为了企业的发展，视工作为乐趣，视工作为休闲，然而当他们突然清闲下来，无事可做，常常会产生落寞和空虚的感觉，甚至会导致身体健康状况的恶化。

（二）保持生产率

对于处在职业生涯晚期的个人来说，保持竞争力和生产率是非常重要的，企业的发展必然会引进更多的新技术和新工艺，对教育和技能水平较低的人就是挑战。他们可能会因生产效率低下而成为企业前进的"包袱"。老年员工普遍并错误地被认为在各方面都不行了，无论是在生产率、工作效率，还是对工作的热情及进取心、适应能力等方面都有怀疑。

（三）为退休做准备

退休是一个重大的职业生涯转变，因为这意味着持续了几十年的职业生涯的结束。随着近年来兼职工作的增加以及对较长工作年限的态度的转变，有时很难准确界定员工的退休年龄。但是退休人员存在普遍的特点：他们年龄较大，通常超过50岁，也不愿意再花很多时间为了报酬而工作；他们愿意得到退休收入，并且他们总是把自己视为退休者。为退休所做的准备包括：决定何时退休，为退休后能够过上充实、满意的生活做出计划。

三、职业生涯晚期的个人管理

（一）学会接受，迎接变化

处于职业生涯晚期的员工，要勇敢地面对和接受心理机能衰退及其引致的职业能力和竞争力的下降；要从思想上认识和接受新人的成长及权力的提升；要正确看待个人中心地位的下降，以求得心理上的平衡。

（二）学会应付"空巢"问题

在职业生涯晚期，空巢是家庭生命周期的一大变化，也是人生的一大转折。应付好这一问题，对于员工职业生涯晚期的工作和个人发展都很重要。员工应该将思想重心向家庭倾斜，多给配偶时间，利用多种方法密切同配偶的关系。发展个人业余爱好和兴趣，满足当前难以实现的个人需求，充实和丰富个人生活。注重社会人际关系，增进亲情和友谊。积极参加社会活动，探索适宜的新职业。

（三）着手退休准备

在职业生涯结束之前，员工可回忆自己的职业生涯道路，总结经验和教训，同时还要做好退休的准备工作：做好退休前的思想准备，培养个人兴趣，策划退休后的个人生活；把握退休前的时间，使自身的职业工作能够有一个圆满的结束和交代，培养接班人；为退休做好财务准备。

反观自我

学习了这一课，我领会到：

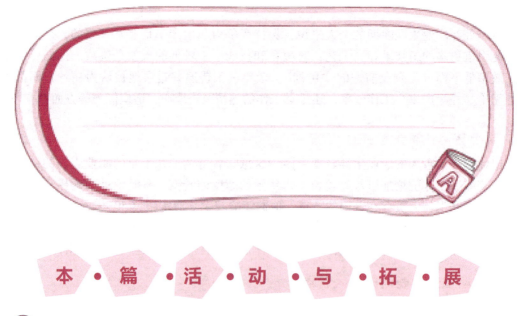

本·篇·活·动·与·拓·展

知识拓展

职业生涯发展阶段（另一种观点）

从职业生涯发展过程来看，职业生涯发展经历了不同时期，一种观点认为职业生涯的发展主要可分为以下几个阶段。

1. 职业准备期

职业准备期是形成了较为明确的职业意向后，从事职业的心理、知识、技能的准备工作以及等待就业机会。每个择业者都有选择一份理想职业的愿望与要求，准备充分的就能够很快地找到自己理想的职业，顺利地进入职业角色。

2. 职业选择期

这是实际选择职业的时期，也是由潜在的劳动者变为现实劳动者的关键时期。职业选择不仅仅是个人挑选职业的过程，也是社会挑选劳动者的过程，只有个人与社会成功结合、相互认可，职业选择才会成功。

3. 职业适应期

择业者刚刚踏上工作岗位，存在一个适应过程，要完成从一个择业者到一个职业工作者的角色转换，要尽快适应新的角色、新的工作环境、工作方式、人际关系等。

4. 职业稳定期

这一时期，个人的职业活动能力处于最旺盛时期，是创造业绩、成就事业的黄金时期。当然，职业稳定是相对的，在科学技术发展迅速、人才流动加快的今天，就业单位与职业岗位发生变化是很正常的。

5. 职业结束期

由于年龄或身体状况原因，逐渐减弱职业活动能力与职业兴趣，从而结束职业生涯。

中职毕业生职业生涯规划的侧重点在职业准备、职业选择、职业适应 3 个阶段。要对职业进行心理、知识、技能等各方面充分的准备，还要根据各方面的分析与自己的职业锚合理地对职业做出选择。对即将踏入的职业活动要有一定的心理预期，包括工作的性质、劳动强度、工作时间、工作方式、同事以及上下级关系等都要快速适应，迅速成为一名合格的职业者。

我的探索期生涯目标

我们现在正在经历职业生涯发展中至关重要的探索期，就让我们为自己制订一个短期职业生涯目标，指导我们未来 3~5 年的职业生涯行动吧。

- 主要的工作内容：_____
- 它吸引我的特点是：_____
- 我需要收集的有关信息有：_____
- 我应该参加的活动有：_____
- 我在个性上可以尝试做出的改变是：_____
- 我可以培养的生涯兴趣是：_____
- 我还需要培养的能力是：_____
- 我必须具备的其他条件是：_____

开篇寄语

　　即将毕业走向社会的阶段，是人生转折的过渡时期，紧张而充满希望；就业求职，是从未经历过的新鲜"历险"。唯其"新鲜"，才具备挑战的意味；唯其"历险"，才需要智勇双全。

　　成功属于有准备的人。只有进行必要的就业准备，掌握求职就业的技巧，学会充实自己、包装自己、推销自己，增强就业风险意识，才能在竞争激烈的就业市场中迈出最关键的一步。所以，现在就让我们快乐地学习这些知识，在就业前做好准备，以备今后轻松地走向工作岗位，实现我们职业生涯中最有意义的阶段！

就业篇
——就业准备与求职技巧

就业准备

条条大路通罗马，多走几条路，就会找到更适合自己的路。

(1) 怎样获取就业信息？

(2) 就业前需要准备哪些材料？

(3) 心理素质对就业有什么影响？就业前应该做好怎样的心理准备？

一、拓宽就业信息获取的渠道

信息是成功就业的重要条件，这是因为就业不仅取决于一个人的知识、能力、体力、社会和经济条件等，而且也取决于就业信息量的多少和准确程度。获取就业信息要通过一定的信息渠道。信息渠道越多，信息的数量就越多，毕业生就业的选择余地也就越大；信息渠道越可靠，信息的可信度就越高，毕业生职业选择的效果也就越好。因而，拓宽就业信息获取的渠道，是毕业生求职择业的基础。一般来说，比较有效地获取就业信息的渠道有以下几种。

1. 毕业生就业指导中心

毕业生就业指导中心是学校专门负责毕业生就业工作的常设机构。

2. 学校"走出去""请进来"

"走出去"，是指学校有目标地向一些单位"推荐"毕业生；"请进来"是指学校邀请用人单位来学校，了解其需求。学校要广泛地联系需要毕业生的单位，然后将这些需求信息发布给毕业生。

3. 国家主管部门和学校组织的供需见面会、招聘会以及供需信息交流活动等

尤其是以学校为主体举办的招聘活动，往往具有时间集中、信息量大、专业对口、针对性强、双方了解更直接的特点，是毕业生了解信息、成功择业的难得的机会。

4. 社会关系

许多家长或亲友在多年的工作与社会交往中，与社会方方面面有着广泛的联系。同时，师长和校友也是毕业生获取就业信息的重要渠道。

5. 社会实践活动

毕业生的参观、实习、毕业设计等社会实践活动是毕业生和用人单位相互了解的一个绝好的机会。

6. 新闻媒体

广播、电视、报刊、计算机网络等新闻媒体也是毕业生获得就业信息的渠道之一。

7. 通过"自荐"获取就业信息

毕业生可以在国家就业方针和政策的指导下，在学校允许择业的范围内，通过信函、电话、登门拜访等"自荐"的方式与用人单位联系，有目的、有计划地获取自己想要的就业信息。

对于每一位毕业生来说，以上介绍的7种获取就业信息的渠道，不可能只用一种，许多情况下是相互结合、相互补充的。具体使用哪种渠道，因需要获取的信息种类、个人的喜好以及个人具体条件而定，不能一概而论。就业信息具有较强的时效性，传播范围广，谁先获得，谁就能抓住机遇、掌握主动权，因此，要处处做有心人，及时收集信息，早做准备，同时要对信息进行筛选、提炼、加工处理，结合自己的实际，有重点地选择信息。

案例启迪

通畅渠道　抢占先机

某中职学校毕业班下学期一开学便被安排到外地实习两个月。正当班上其他同学摩拳擦掌、整装待发之时，小王却不动声色地忙起来：他去了一趟班主任老师家，拜托班主任如有合适的单位，请帮忙推荐，并留下了自己的两份自荐材料；然后他专门去了一趟学生工作办公室，将自己的自荐材料及联系方式，又留给了负责就业工作的老师，请他们有重要信息及时告知自己；接下来，他走访了自己最要好的一位低年级朋友，拜托这位师弟定期到校就业信息栏看看，将有关重要信息及时通知他；最后，他又到校就业指导中心，查询了最近两个月中各地人才交流会的信息，选择了一条离自己实习地较近的信息做了较详细的记录，准备到时抽空去看看。做完了以上工作，小王安安心心地前往外地实习去了。

恰逢这两个月是用人单位来校考察、招聘的高峰期。实习期间，小王所在学院多次将重要招聘、面试信息通知他；班主任老师在他未及时赶回面试时，还专门为他投送了简历并向用人单位介绍了他的基本情况；他的学弟好友也为他提供了几条重要线索；同时他自己也多次打电话主动与学校、学院和班主任联系，询问有关情况。这样，小王尽管人在外地实习，却总是比班上其他同学消息更灵通，不断接到用人单位的面试通知，选择的机会颇多。实习刚结束，小王的工作单位也顺利敲定。

在日常就业指导工作中，时常会听到有的毕业生抱怨：有这么多用人单位的需求信息，学校怎么就及时通知他而不及时通知我？太不公平了！那些捷足先登者肯定是有特殊关系，得到了特殊关照。真是这样的吗？据调查，所有院校都希望尽可能多地把自己的学生推荐出去，只要掌握了用人信息都会想方设法通知到有关的毕业生，而实际情况却是由于毕业班同学不是到外地实习，就是做毕业论文、毕业设计或外出求职等，联系起来很困难，有时一条信息要打几个电话。往往是那些一呼即应或平时主动密切联系的同学总能抢占先机；而联系不上或联系不及时的，则造成信息资源浪费，错过就业机会。小王显然在这个问题上处理得非常好，虽然在求职关键时期他在外地实习，但他能够主动密切与学校联系，使得信息来源渠道畅通无阻，赢得了时间和机会。因此，作为毕业生应主动与学校保持联系，主动搜集最新的就业信息，到学院（系）或学校就业指导中心走走。如果人在外地实习，应告知学校最快捷的联系方式及提供自荐材料，或委托同学、亲朋好友关注，并经常打电话到学校询问情况；平时如不上课，寝室里最好留一人值班，以便能接听电话；或班上（寝室）每天派一人到院（系）、校查询就业信息，抄报给大家。另外，多数中职学校都建立了毕业生就业信息网，为广大毕业生提供更为便捷的服务，毕业生应积极有效地利用它。

二、准备好推荐材料

掌握了一定的求职信息后，当务之急就是制作一份个人求职材料。好的推荐材料是开启事业之门的钥匙。因为毕业生在就业过程中，往往是先将推荐材料交给用人单位，用人单位再根据推荐材料进行初步筛选，确定面试学生名单。用人单位对毕业生的第一印象是从推荐材料开始的，因此制作好推荐材料对毕业生择业就业是十分重要的。

推荐材料一般由求职信、个人简历、学校推荐表、成绩单、证书复印件等几个部分组成。毕业生的需要不同，推荐表的组成也会有所不同。如果有的毕业生想到外企工作，他的推荐材料中应包括英文版的推荐材料。

1. 求职信

求职信的格式与书信大致相同，即称谓、正文、祝词、落款，文本还应有表示热切希望有一个面试机会的愿望，最后必须写清联系电话、通信地址等。具体内容一般分为以下几部分。

第一部分——简单介绍自己，如姓名、学历、年龄等。写明你要申请的职位和你是如何得知该职位的招聘信息的。

第二部分——阐述你能如何满足公司的要求。这一部分要写出你自己最关键的经历、最好的成绩、最重要的特长，以及自己的愿望、心情和信心等。表明你所特有的教育经历、技能和个性特征以及将会为公司做出的贡献。

2. 简历

一般来说，简历包括个人基本资料、教育经历、外语水平、计算机水平、社会实践经历、奖惩情况、个性特征、兴趣爱好等方面的内容，但具体内容可根据应聘单位的要求和个人的具体情况进行选择。

3. 学校的推荐表

由学校统一制作的推荐表常会被毕业生所忽视，实际上学校推荐表的设计考虑了用人单位的要求。推荐表的每一栏都有它的用途，因此，毕业生应重视并逐项认真填写推荐表。

4. 应聘人员登记表

很多公司的人员招聘，尤其是大型的校园招聘活动，都要求应征者填写公司的求职申请表格，公司根据回收的申请表格做出初审。

需要特别说明的是，很多毕业生往往习惯于制作好一份推荐材料后，给所有的单位都提供相同的推荐材料。其实根据不同类型的用人单位或你要争取的不同的岗位，可以制作不同的推荐材料以适应对方的需要。

求职信

××电子集团公司经理先生：

您好！

我叫×××，现就读于××职业学校计算机信息工程系自动控制专业，将于××××年×月毕业。感谢您在百忙之中抽空阅读我的自荐材料。我希望能在贵公司获得一份工作。

贵公司实行"人才+信誉"的经营方针，管理有方，选贤任能，办事效率高，工作氛围和谐，无论科研还是生产，都搞得生机蓬勃、有声有色。今年上半年在贵公司实习期间，我对此深有感受。我想，在如此和谐、高效的环境里工作，不仅心情愉快，而且会做出成果。

我所修的专业是自动控制，目前，全部学业已出色完成，成绩优秀。附上一份本人简历和学习期间各科成绩一览表，供您参考。

在刻苦钻研专业知识的同时，我已具有较强的英语口头表达与文字翻译能力。此外，我利用课余时间在几家公司兼职，从事计算机方面的管理与维护，使我有了更多的实践经验。

我殷切希望，凭着自己的实际工作能力和务实进取的人生态度，在工作中施展自己的抱负。我坚信，您的知遇，定会鞭策着我为贵单位的繁荣发展，也为自己人生价值的实现而奉献我的青春！

静候您百忙之中的回音！

此致

敬礼！

×××

××××年××月××日

写出一份好的简历要注意把握以下原则。

（1）内容简洁。写简历不要事无巨细地罗列自己所有的经历和经验，而要选择其主要的内容做介绍。

（2）方便对方阅读。排版上要注意字体、字号的安排和使用，内容上要有针对性，能充分证明你能胜任此项工作。

（3）简历的内容应具体，可以被考查。

三、心理素质对就业的影响

（一）心理素质对求职的影响

1. 目标

心理素质对确定择业目标起着重要作用。它决定求职者能否客观、正确地分析自我、认识自我。例如，能否正确认识所学专业、思想修养、能力特长、兴趣爱好等；能否客观、正确地分析用人单位的需要和社会需要；能否将个人利益与国家利益、个人理想与社会需要有机结合起来；能否在择业的坐标中找到自己准确的位置；等等。

2. 对择业目标实现过程的影响

择业是选择与被选择的过程，是学生施展才华、叩开职业大门的过程，也是用人单位评判、筛选员工的过程。中职生在择业中，将会遇到自荐、面试、笔试、竞争等一系列的考验，也将会遇到专业与爱好、专业与效益、专业与地域、地域与家庭之间的一些矛盾。能否顺利地接受这些考验，能否果断地处理好这些矛盾，心理素质起着重要作用。良好的心理素质，可使人在面对考验和矛盾时，做到镇定自若、乐观向上、不怕挫折、勇于创新、缜密考虑、果断决策。

3. 对实现择业目标的影响

良好的心理素质对择业目标的实现起着促进和保障作用，可使求职者充分发挥自己的聪明才智，挖掘自己的潜力，综合自己的优势，扬长避短，不懈努力，从而找到最能施展自己才华的舞台。

（二）心理素质对中职生职业适应与职业成就的影响

1. 对职业适应的影响

中职生求职择业完成后将走向新的岗位，角色、人际关系、环境发生变化，能否适应和处理好这些问题是这一转折时期出现的主要问题。心理素质良好，就能适时调整心态，把握自我，开放自我，与新的环境保持平衡，尽快适应职业角色，使适应期大大缩短。反之，适应期会延长，甚至难以适应角色。

2. 对职业成就的影响

适应职业仅仅是一个开端。人生抱负是在岗位上做出成就和贡献。心理素质将对职业成就的取得起着重要的作用。心理素质良好，就能发挥个体优势、热爱职业、献身职业，就能以顽强的意志攻关，就能解决工作中的困难，改进和提高工作效率，就能在岗位上做出贡献。反之，则很难有所成就。

四、就业前应做好的心理准备

中职生在就业前，一般情况下，应该做好以下心理准备。

（1）做好角色转换的心理准备。要正确地选择职业，就必须及时转换角色，摆正自己的位置，客观、冷静地进入求职状态，尽快地适应一个现实的社会求职者的角色，实事求是地面对就业的现实，学会主动推销自己，并以自身的实力积极主动地去适应社会的需要。

（2）正确认识自我，包括对自己心理素质的正确认识。全面衡量、正确地认识自己的心理特点、兴趣爱好、能力特长、生理特征，用现实的态度来看待自己，才有可能在求职时扬长避短，从而避免盲目求职或期待过高、好高骛远给自己带来的心理上的伤害。

（3）提高自己的心理承受能力，做好正确面对挫折和失败的心理准备。在求职择业过程中遇到挫折是正常的，产生萎靡、退缩甚至恐惧的心态也很正常，关键是切不可因此而自卑，丧失信心，失去开拓新生活的勇气。

（4）做好提高自己社会交往能力、应变能力、理论与实践相结合的能力、自学能力、获取和利用信息的能力的心理准备。

面对"碰壁"，我选择了坚强

小强是某中职学校 2004 届毕业生，现为青岛某园区安检员。下面是他的求职自述。

在校期间，我学习成绩较好，各方面表现不错，是学生会的主要干部。临近毕业，班里同学纷纷踏入人才市场，提前进行工作试水。我心想，经过几年的磨砺，自己已经具备了相当的实力，不必急于一时，不妨先享受一下最后一个悠闲的学期。

转眼，毕业离校的日子到了。接过校长颁发的毕业证书那一刻，我意识到，自己不得不离开学校，踏上求职路了。

于是，我踌躇满志地开始跑人才市场、看招聘广告、联系用人单位。可两个月下来，我竟然一无所获，连简历也没投出几份！

调整调整心态，放低了位置，我又重新投入到人才市场的"拼杀"中。或许前面"碰壁"过多，这次我广投简历、频繁面试，只要是单位就去试。可这样一来，却又走向了另一个极端，迷失了自我，丢掉了自己的特长和专业，我找不准自己到底能干什么了。结果，面试时总给用人单位一个什么都会却什么都不专的印象。自然，我又败下阵来。

当我最无助、最无依无靠的时候，我想到了家——那片温馨的港湾。2005 年元旦，我背上行囊回家了，梦想着能在家乡闯出一片天地。可回到家的一个月，我却找不到一点头绪，面对着田地、菜园和邻里的频频发问，我因思想压力太大，终于病倒了。爸妈吓坏了，也急坏了，四处托人帮我找工作，在家里却从不提我工作的事情，只是一个劲地要我静养。我在家里躺了 20 多天，直到病好。

突然有一天父亲说有家单位招聘，公司还挺大的，而且与我的专业很吻合。我兴奋极了，问清地址就向那家单位奔去。面试等一切都很顺利。

春节，我过得很愉快，因为年后就可以上班了。公司环境很好，我很快就融入了工作和团队中。可随着时间的推移和对公司了解的深入，我发现这是一家很隐蔽的传销公司，专门以售卖保健品等欺骗老年人。于是，在经过一系列的思想斗争后我断然地离开了。这就是我干了 4 个月的第一份工作！

我又走进了人才市场，但却变得现实了许多。也许是功夫不负有心人，我终于找到了一份某园区安检员的工作。虽说工资不是很高，但福利待遇还不错。不过，安检工作需要 24 小时待命，活虽不多，但时间跨度大，一天下来也很累。但这份工作我干得很踏实。

反观自我

老师在课堂上总是强调信息是成功就业的基础，准备好就业必需的材料是走向用人单位的桥梁。反观自己，我目前获得就业信息的渠道比较狭窄，材料准备不充分，对于这些，我想我应该：

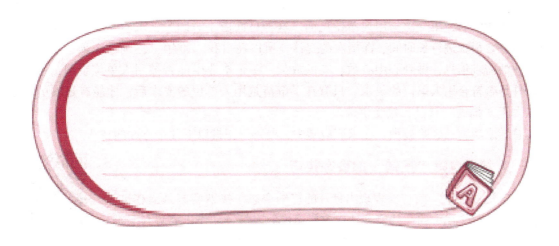

求职面试技巧

那些一直在把握机会充实自己的人是前途不可限量的人。

——罗曼·罗兰

（1）在求职面试中我们应该注意什么？
（2）求职面试有哪些技巧？

学生毕业后，第一次与用人单位见面。这种见面由于时间紧，求职者又过于集中，所以供需双方很难进行长时间、深层次的交谈，所以在自我"推销"之前，必须了解社会对各专业的需求信息，做到心中有数，有的放矢。一个毕业生能否被用人单位录用，主要看其条件是否符合用人单位的要求。只有在了解清楚用人单位的要求后，才能有足够的自信心，大胆"推销"自己，接受挑选。

总结成功者的经验教训，在求职应聘中，要善于把握以下几个方面的技巧。

一、掌握自我"推销"的姿态技巧

自我推销的技巧

在自我"推销"前，要表现出良好的接纳姿态。接纳姿态是指在进入交往前和进行交往中的一些能表达出友好态度的表情、动作、姿势与眼神。在人际交往与自我"推销"的过程中，微笑就是我们常用的一种接纳姿态。如果我们想认识某用人单位的代表，我们就应微笑着与之交谈。

一是在交谈中要有良好的仪容和大方得体的谈吐，这是最起码的社交礼仪常识。二是要努力从对方感兴趣的点谈起，以赢得对方的好感，达到事半功倍的效果。这就要求求职者应尽可能地对用人单位的情况有基本的了解，比如用人单位的知识结构、产品情况、对技术人员的素质要求等，要尽可能熟悉，交谈时要做到知己知彼，言之有物，同时使用人单位能感受到求职者的真诚。三要在合理范围内努力认同对方。实践证明，人们最乐意接受的莫过于与自己相同的人及其观点。

二、掌握自我 "推销" 的语言技巧

1. 礼貌的问候

"第一印象" 其实最重要。在开始时表现得很好的应聘者往往受到招聘者青睐。据有关资料显示：80%的招聘者在 3 分钟内就已经对应聘者下了结论。面试开始时，应聘者要主动地、有礼貌地与招聘者打招呼。先介绍自己的姓名，然后再有礼貌地请教招聘者的姓名和身份。千万不要自作聪明，胡乱猜测或直呼招聘者姓名。在多种形式的模拟招聘大赛后，现场面试官们常常会情不自禁地道出应试秘籍："对用人单位和应聘的岗位要有足够的了解，仪表要庄重、得体，小动作不能太多；要尽量在短时间内展现自己的亮点，工资待遇也要明确地讲，这里体现了你的自信。除此之外，用人单位越来越看重求职者在应聘时体现出来的品质，如责任心、自信、诚实等。"

2. 突出重点

在自我 "推销" 时，要进行自我介绍。无论到人才市场还是到应聘单位，自我介绍都很讲究。自我介绍重点突出，能给用人单位留下深刻的印象，被录用的可能性就更大；反之，则有可能因第一印象欠佳与机会失之交臂。如姓名、身份及目的和要求可以简单一点，而学历、经历、性格、专长、能力、兴趣应该详细一点，目的是使对方产生信任感。

3. 客观自然

在进行自我介绍时要大方，要恰如其分地把自己介绍给用人单位，要把握分寸，留有余地，绝不能自吹自擂，更不宜用极端的词汇来夸耀自己的成绩，而应实事求是，让人信服你。在自我介绍或回答对方的提问时，可能会出现一些不自然或紧张心态，这是正常现象，这需要我们沉着、自信，事前做好充分准备，无论什么时候，语速不要太快，使对方能听清你的描述。

电话求职是求职择业的最有效方式之一。在短暂的通话中，首先，尊称和礼貌用语要贯穿通话过程的始终。其次，要选准通话时间，应选在工作时间，如上午 9 点到 10 点之间。最好不要一上班就打电话，要给对方一个安排工作的时间。下午 4 点以后也尽量不要再打电话。再次，注意通话时间。当今时代，人们的时间越来越重要。为了取得较高的工作效率，人们希望能够在最短的时间内做最多的事情。因此，电话自荐要注意控制通话时间，在通话之前要做好充分的准备。最后，要控制好音高和语速。通常，打电话的声音要比平时稍高，以保证对方能够听清楚；另外语速也要稍快于平常谈话，但应保持平稳。

三、掌握自我"推销"的面试技巧

面试是由用人单位安排的对求职者的当面考核。它不仅可以考核求职者的知识水平，而且可以面对面地观察求职者的仪态、气质、口才、应变能力和某些特殊技能等。面试的结果会给用人单位留下深刻的印象，并对求职者能否求职成功构成举足轻重的影响。求职者在面试时应充分做好面试前的全方位准备。面试是求职者求职择业的关键环节，与做任何事情一样，失败永远比成功来得简单、容易。常言道："不打无准备之仗。"30 分钟的面试，要做 30~300 小时的准备都不为过。现在越来越多的企业在录用员工时重视对其人品的考查。因此在面试时，考官们会随时注意求职者的言行举止。那些举止得体者往往能获得考官的青睐。实际上，从通知你面试时，你一接电话就开始考试了。

接到电话应首先说："您好！"当对方通知你面试时，不要过于激动导致大喊大叫，要平和地说："谢谢！"再认真听对方讲面试的时间、地点、方式及要求，边听边记。然后提出自己想了解的相关问题，准确记下给你打电话的人的名字、电话号码和地址。再次表示感谢，挂机前要说："再见！"接到面试通知后，要搞清楚究竟在何处上下车、转换车。要留出充裕的时间去搭乘或转换车辆，包括一些意外情况都应考虑在内，以免面试迟到。面试前，应把自己准备带去参加面试的文件包整理一番，带上必备用品，这是面试礼仪中最应该避免的疏漏。求职记录本应该随时带在身边，以便记录最新情况或供随时查询。

案例启迪

一句"谢谢"，一份工作

孙华是 2011 年毕业的中职生。孙华与好友王琳是同班同学，也是最要好的朋友。她们同去一家单位面试，当时，考官表示对她俩都很满意，要回去商量一下，再给通知。可是，一周之后还是杳无音信。两个女孩子都很着急，王琳说："这个公司也太不负责任了，无论是否录取都应打个电话告诉一声啊，难怪是小公司。眼看就要毕业了，我不想再等了。"于是王琳开始去别的公司应聘。孙华此刻也很动摇，但又不想放弃。于是，她决定通过 E-mail 给考官写封感谢信，顺便询问一下情况。

意想不到的事情发生了，第二天，孙华接到了人力资源经理的录用电话。

在该公司工作很久之后，一次偶然的机会，孙华问当时那个考官："当时您是怎样选中我的呢？"考官笑着答道："当时几个女孩都很优秀，你也很有实力，最重要的是，你是唯一一位写感谢信的人。"

面试者是在通过竞争谋求职业。成功的关键在于自己的才能以及临场发挥的情况。面对严峻的就业形势，面对众多的竞争对手，要想择业成功，没有充分的心理准备，没有良好的竞技状态是不行的。做好择业前的心理准备，排除心理干扰，应着重克服以下几方面的心理障碍：第一，盲目自信，眼光过高；第二，自卑畏怯，信心不足；第三，当断不断，患得患失；第四，依赖心理，人云亦云。

　　面试过程中，面试官会向应聘者发问，而应聘者的回答将成为面试官是否接受应聘者的重要依据，这就要求应聘者应详细了解招聘单位的具体情况，如公司的工厂、办公室或商店在什么地方，公司的产品和服务项目是什么，公司已经发展到什么程度，公司将来的发展潜力怎样等。

　　应聘者要注意自己在面试中的仪表仪容问题。仪表大方、举止得体，给招聘人员留下大方、干练的良好印象，是应聘者的加分项目。选择服装的关键是看职位要求。仪表修饰最重要的是干净整洁，不要太标榜个性。除了应聘娱乐影视广告这类行业外，最好不要选择太过突兀的穿着。对于应届毕业生来说，允许有一些学生气的装扮，即使面试名企，也可以穿休闲类套装。它相对正规套装来说，面料、鞋子、色彩的搭配自由度更高。服装和配饰均能反映出应聘者对所申请的职位的理解程度。参加面试，在衣着方面不要特别讲究、过分花哨华丽，面试时应聘者所穿的西服、衬衫、裤子、皮鞋、袜子都不宜给人以崭新发亮的感觉，但也要注意整洁大方，不可邋遢，不可修饰过分。无论是男装或女装，对质料要略有讲究。好的面料可以使剪裁合体的服装更加合身、相得益彰。合乎自身形象的着装会给人以干净利落、有专业精神的印象，男生应显得干练大方，女生应显得庄重高雅。

一次面试过程

　　某公司正处于快速发展时期，需要大量的人才，于是在报上做了一次广告，求职信和简历雪片般飞来。

　　其中一个职位是董事长秘书。秘书，一个司空见惯的职位，没有什么太特别的。但由于董事长是国内一位非常知名的企业家，做他的秘书就是一件令人期待的事了。

　　不少人挖空心思地修饰简历，有人寄来了自己美丽的照片，有人打电话来用英语、日语等多种语言介绍自己，甚至有人称他懂武术和射击，并且酒量特别大。

　　而董事长对性别、相貌甚至外语都没有特别的要求，他只要求秘书做人和做事都是个能够令人信赖的人。

　　在对简历进行了初步的筛选之后，通知了16位候选人来面试。面试约定在上午10点钟，其实在面试前还安排了笔试，但并没有在电话中提醒应聘者。笔试也没有设监考人员，由应聘者自行答题。结果，有5位没有带笔的应聘者首先被淘汰出局。公司在笔试考场入口处准备了签到表，由各人签上自己的名字和到达的时间，旁边仍然无人监督。结果有4人因签了与实际情况不符的虚假到达时间而被淘汰，2人因迟到被淘汰，还有2人因在考试期间跟外界通电话被淘汰。余下的3人，考官仔细阅读了他们的试卷和求职的资料。一人试卷答得不错，字体棱角分明，但卷面不够干净；一人试卷答得不理想，但所带来的以前写的作品不错；最后一人试卷答得中规中矩，字体俊秀，虽然没有带来以前发表的作品，但在答题时十分有条理。

最终，公司选择了最后的那个应聘者。后来的事实表明公司没有选错人，他的工作得到了董事长的好评。

反观自我

"推销"自我，就是向用人单位宣传自己，展示自己，以便让用人单位了解自己、认识自己和选择自己。以前从没有考虑到求职面试会有这些需要学习的地方，今天学了这一课，让我认识到：

 增强就业风险意识

第三课

每个人都应该坚持走他为自己开辟的道路，不被权威所吓倒，不受过时的观点所牵制，不被表面所蒙骗，也不受利益所迷惑。

成长话题

（1）就业有哪些风险？

（2）签订就业合同应该注意哪些问题？

（3）怎样防患于未然，保护自己？

通过前面的学习，我们已经知道了我国现行的就业方针。通过人才市场和劳动力市场实现就业，就要多渠道寻找就业机会，制作和递交个人资料，应对一些测试和面试，这都需要投入一定的时间、精力和费用，可以将此看作合理的就业成本。就业又是一个双向选择的过程，所以我们第一次的就业成本可能有去无回，一般还会有第二次、第三次。如果是这样，请不要沮丧，也不要怨天尤人，而要以平常的心态去接受它，并积极地调整自己的就业观，改进自己的就业技巧，就一定会如愿就业的。

就业方式的多样化、劳动力市场的开放，为我们的就业和发展创造了更加广阔的空间。但是，市场发育不健全、道德失范、诚信缺失、假冒伪劣、欺骗欺诈活动蔓延，又大大增加了就业风险，致使我们付出不合理的金钱、精力和精神的代价，所以我们需要增强就业风险意识，更需要增强防范和规避落入招聘陷阱的意识和本领。

案例一：同学甲从学校毕业后很顺利地拿到了一家单位的录用通知书，当他高高兴兴地带着录用通知书去报到时，却被告知这份交了 250 元保证金的通知书是假的。

案例二：同学乙是女生，身材容貌都不错，应聘一家打着"高薪诚聘"旗号的单位，一下就被录用了，当快要去上班的时候，才了解到这原来是一家提供色情服务的场所；她真庆幸自己没有被高薪所惑而落入陷阱。

案例三：同学丙好不容易找到了一份工作，试用期为半年。试用期的工资很低，她也接受了，因为老板答应正式录用后会较大幅度加薪。谁料试用期快满的时候老板用了一个借口把她辞退了。

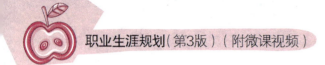

类似的例子大家或许也听得不少。求职者求职心切，就给了一些人以可乘之机，他们打着用人单位或职业中介机构的幌子，干着坑蒙拐骗的勾当，或骗取保证金、押金、培训费，或无偿、廉价"试工"，或让求职者充当劳而无获的"推销员"，变相榨取求职者的劳动果实。还有的单位在劳动合同中做手脚设陷阱。例如，求职者进入单位后，一直拒绝同求职者签订劳动合同，不办录用手续；劳动合同设立的试用期过长；试用期不为求职者缴纳社会保险；劳动合同订立不规范，合同约定内容违法；等等。求职者在求职时一定要注意以下几个方面。首先要查实用人单位的确切信息，最好到用人单位进行实地考察，如果是中介机构，应有政府核发的"营业执照""职业介绍许可证""收费许可证"等。其次，签订劳动合同、用工合同时，一定要看清合同中的每项条款，有没有不合理的条款，不要草率签字。再次，很有诱惑力的承诺、轻而易得的金钱不能要，相信"天上不会掉下馅饼"的忠告。当然求职者的证照和金钱也不要轻易出手。最后，一旦求职者发现问题或者上当受骗了，就要及时向当地政府工商、公安和人事、劳动管理、监察部门投诉，以维护自己的合法权利，不要自认倒霉。

职场中处处充满了诱惑和陷阱，我们毕业生刚刚走出校门，经验不足，对一些带有欺骗性的录用手段不设防备之心，这存在着很大的风险。学习了这一课，让我恍然大悟：

如何写求职信

有专家提出，写求职信时应注意如下事项。

（1）篇幅不宜太长。哈佛人力资源研究所在1992年就有一份经典的测试报告，即一封求职信如果内容超过400个单词，则其有效度只有25%，即阅读者只会对其内容的1/4留下印象，因此写得简洁是十分重要的一个标准，一般来说，不要超过一页。

（2）不宜有文字错误。写完之后要通读几遍，精雕细琢，切忌有错字、病句或文理欠通顺的现象发生。

（3）不要与简历内容重复。求职信和简历的功能是不同的，简单地说，求职信是求职者个人意愿的表达，简历则是对经历的客观描述。

应聘者经常遇到的七大问题

问题一："请你自我介绍一下"

思　路：（1）这是面试的必考题目。（2）介绍内容要与个人简历相一致。（3）表述方式上尽量口语化。（4）要切中要害，不谈无关、无用的内容。（5）条理要清晰，层次要分明。（6）事先最好以文字的形式写好背熟。

问题二："谈谈你的家庭情况"

思　路：（1）这种提问对于了解应聘者的性格、观念、心态等有一定的作用，这是招聘单位问该问题的主要原因。（2）简单地罗列家庭人口。（3）宜强调温馨和睦的家庭氛围。（4）宜强调父母对自己教育的重视。（5）宜强调各位家庭成员的良好状况。（6）宜强调家庭成员对自己工作的支持。（7）宜强调自己对家庭的责任感。

问题三："你有什么业余爱好?"

思　路：（1）业余爱好能在一定程度上反映应聘者的性格、观念、心态，这是招聘单位问该问题的主要原因。（2）最好不要说自己没有业余爱好。（3）不要说那些庸俗的、令人感觉不好的爱好。（4）最好不要说自己仅限于读书、听音乐、上网，否则可能令面试官怀疑应聘者性格孤僻。（5）最好能有一些户外的业余爱好来"点缀"你的形象。

问题四："你为什么选择我们公司?"

思　路：（1）面试官试图从中了解你求职的动机、愿望以及对此项工作的态度。（2）建议从行业、企业和岗位这3个角度来回答。（3）参考答案——"我十分看好贵公司所在的行业，我认为贵公司十分重视人才，而且这项工作很适合我，相信自己一定能做好。"

问题五："如果我们录用了你，你将怎样开展工作?"

思　路：(1) 如果应聘者对于应聘的职位缺乏足够的了解，最好不要直接说出自己开展工作的具体办法。(2) 可以尝试采用"迂回战术"来回答，如"首先听取领导的指示和要求，然后就有关情况进行了解和熟悉，接下来制订一份近期的工作计划并报领导批准，最后根据计划开展工作。"

问题六："谈谈你的缺点"

思　路：(1) 不宜说自己没缺点。(2) 不宜把那些明显的优点说成缺点。(3) 不宜说出严重影响所应聘工作的缺点。(4) 不宜说出令人不放心、不舒服的缺点。(5) 可以说出一些对于所应聘工作"无关紧要"的缺点，甚至是一些表面上看是缺点，从工作的角度看却是优点的缺点。

问题七："谈一谈你的一次失败经历"

思　路：(1) 不宜说自己没有失败的经历。(2) 不宜把那些明显的成功说成是失败。(3) 不宜说出严重影响所应聘工作的失败经历。(4) 所谈经历的结果应是失败的。(5) 宜说明失败之前自己曾信心百倍、尽心尽力。(6) 说明仅仅是由于外在客观原因导致失败。(7) 失败后自己很快振作起来，以更加饱满的热情面对以后的工作。

劳动合同签约九大陷阱

1. 口头劳动合同陷阱

法律规定，劳动合同必须采取书面形式。但是，不少企业不想承担劳动法律责任，千方百计地不签合同，而只是做出口头承诺。在求职者方面，有的求职者经熟人介绍，只是简单地口头约定双方的权利义务，而没有书面合同。口头承诺毫无证据，一旦出现劳动争议，口说无凭，有理难辩，对求职者非常不利。

2. 企业不当面签字陷阱

有不少企业在签约时，先让职工签好字后，声称统一盖章，不与求职者当面签字，之后，单方面增加一些对求职者不利的条款或更改时间、数量等。这种"手脚"往往令求职者吃亏。因此，求职者拿到劳动合同时，应该让企业负责人当面签字盖章，并自存一份，以免其在合同文本上"动手脚"。

3. 格式合同陷阱

企业一般会先准备好格式合同，把条款内容准备好，只要求职者签好字就行了。对于这类格式合同，有相当多条款是对求职者不利的。但企业往往会威胁说："同意就签字，不同意我们公司就不聘你。"如此，求职者应权衡利弊，做出选择。

4. 简单合同陷阱

不少小型企业的劳动合同十分简单，只有几项条款。条款不齐、不具体是发生劳动争议的原因，求职者如果没有必要的细则条款去约束企业，一旦"打官司"就难以说理，最后吃亏的往往是求职者自己。

5. 劳动保证书陷阱

劳动合同是双方的，即企业和劳动者都享有权利与义务。但不少企业利用求职者急于求职的心态，或要劳动者签订劳动保证书，或只约定劳动者有何义务，如何遵守企业的制度，如何承担责任等。这种合同求职者一定不要签。

6. 生死劳动合同陷阱

劳动者工伤应由企业或社保承担责任，但是有些企业利用劳动者对劳动保护知识的缺乏，常常在签约时要求求职者签下"工伤自理"的条款。不少缺乏法律知识的员工发生工伤后，看到"工伤自理"时，自觉理亏，不敢理直气壮地找企业负责。这种企业，求职者千万要小心。

7. 阴阳合同陷阱

法律规定，企业必须与员工签订劳动合同，并为职工购买社会保险等，否则给予罚款等处罚。不少工厂企业，慑于劳动主管部门的监督，为逃避检查，与劳动者签订两份合同，即阴阳合同，一份对劳动局，一份对劳动者，而后一份往往对劳动者十分不利。

8. 抵押合同陷阱

法律规定，企业不允许为签订劳动合同而收取职工的任何东西作抵押。但是某些企业在招用了一些有技术特长的劳动者后，为了防止劳动者"跳槽"，便在签订合同时，违反有关规定，要求职工把一些证件、财产抵押给企业，并在合同中说明扣留职工平时应得的福利、待遇、工资作押金，如违反约定，保证金没收，抵押物品不退。抵押后，用工者因为有了把柄便有恃无恐，而就业者只好唯命是从。

9. 敲竹杠劳动合同陷阱

某些企业自恃待遇丰厚或借垄断地位等，在其招工时提出苛刻条件，借机牟利，让求职者先"入股"，或交风险保证金，或交集资款等，并在合同中约定，企业以表面自愿的形式使其行为合法化。但事实上这一切都是违法的。

◎ 准备我的个人简历

虽然我们现在还没有到真正找工作的时候，但是可以从现在就开始进行一些准备工作，今天我们练习其中的一个基本工作：准备我的个人简历。

先假定一个就业目标，然后根据这个就业目标有针对性地准备自己的履历表。注意运用前面讲到的一些技巧。

简历完成后，请与其他同学和老师一起，联系你的就业目标，评判你的个人简历写得怎么样，还有哪些可以改进的地方。

◎ 练习写一封求职信

求职信

_____

_____

_____

_____

_____

_____

_____

_____

_____

_____

◎ 以前车之辙为鉴

现代社会的职业流动性很大，一个人一生中可能会发生多次就业，可是在多次就业过程中如果碰到一次上当受骗，就很惨了。谁都不想自己亲自去体验这样的经历，我们可以好好把他人的经验教训作为自己的借鉴。

请从媒体上或自己熟悉的人中去寻找一两个经历过"应聘陷阱"的例子，看看他们落入哪类"应聘陷阱"，付出了一些什么代价，后来是否成功地维护了自己的合法权益，是怎么维护的，你可以从中汲取什么经验教训，然后邀几位同学一起交流讨论。

参考文献

［1］李书华. 职业指导与生涯规划［M］. 郑州：大象出版社，2007.

［2］钱景舫. 生涯规划［M］. 上海：华东师范大学出版社，2005.

［3］姚睿. 职业生涯设计［M］. 北京：开明出版社，2006.

［4］马莹. 就业指导与创业教育［M］. 上海：立信会计出版社，2006.

［5］张明瑾. 职业道德与职业指导［M］. 上海：立信会计出版社，2007.

［6］郑美群，李洪英. 职业生涯管理［M］. 2 版. 北京：机械工业出版社，2017.

［7］方奕. 警惕青少年职业生涯规划陷阱［J］. 中国青年研究，2014（9）.

［8］李霞，赵梅. 略论企业员工的职业生涯阻碍及应对策略［J］. 华东经济管理，2008（11）.